〈縁〉と〈出会い〉の空間へ

都市の風土学12講

木岡 伸夫 編

萌書房

はじめに

　本書は，関西大学大学院（文学研究科）において，2000年から続いてきた修士課程自由科目「人間環境学研究」（通称「都市の風土学」）の講義内容をまとめた論集である。編者の呼びかけに応えて講義を担当したスタッフは，通算して延べ数十名。全員が2003年からは，1人年1回の講義を数年からそれ以上にわたって継続的に担当し，内容を充実発展させてきた。そのメンバーのうち12名が，各自の講義内容を担当する1章に凝縮することによって，本書が出来上がった。と申し上げれば，読者は本書を一種の「講義録」として受けとめられるだろう。それに間違いはないけれども，単なるオムニバス形式の講義集とは違った独自性が，この本にはある。

　都市をさまざまなアプローチから分野横断的に考察する論集。そのような印象をもたれる向きに対して，これは新しい「都市の風土学」のお披露目である，と言葉を返したい。そう主張する理由を明らかにするには，10年前に公刊された拙編著『都市の風土学』（ミネルヴァ書房，2009年）と本書との違いにふれなければならない。

　前著は，「人間環境学研究」開講から数年を経た時点で，プロジェクトの理念を再確認しつつ，共同研究の到達点を具体化する，という理由で企画された。当時の基本方針は，現在まで変わらない。すなわち，「都市学」（urbanology）を掲げる従来の都市研究が，西洋近代中心の見方に偏っていることを批判し，風土学に立脚する都市研究を展開するという狙いである。①近代－前近代，②西洋－非西洋，③都市－農村，これらの二項対立における前項に重心をかけ，後項を周辺化する視線が，「都市学」を支配する。これに対して「都市の風土学」は，「前近代」「非西洋」「農村」を等しく視野に入れ，その意義を正当に評価するような人間環境学の立場を追究する。この姿勢を，前著においてうちだした。

　以来10年，編者の取り組みに共感するスタッフの大半が，それぞれの専門に即して，あるいは専門領域から外に出て，自身の都市論を発展強化してきた。

いっぽう編者自身は，途中，急病による一時リタイア（2012年）を経ながらも，『邂逅の論理』（2017年）の上梓をもって，ライフワークとする風土学理論三部作の完成を見るに至った。こうして編者とスタッフの双方が研鑽を重ねた末に，いわば満を持して世に問う成果，それが「新・都市の風土学」とも称すべき本書である。

　10年を隔てたこの新著に，どういうアピール・ポイントがあるのだろうか。前著が，新しい学問の船出から間もない頃の「航海日誌」だとすれば，本書は，目的地への到着が目前に迫った地点で書き上げられた「航海報告書」である。船長にそう言わせるだけの裏づけは，コンパスに相当する2つの指針，〈縁(えん)の論理〉と〈かたちの論理〉の体裁が整ったことにある。具体的内容は，第Ⅰ部・第Ⅱ部の「序」と，それに続く各章からお読み取りいただきたいが，ここではごく簡単に，それぞれの内容を先ぶれ的に紹介しておく。

　第Ⅰ部は，上掲〈縁の論理〉に照準を合わせた論考6篇を揃える。〈縁〉と〈出会い〉をタイトルに掲げる本書の核心は，編者が〈縁の論理〉と名づける風土学独自の主張にある。近代の個人主義は，主体同士を結びつける手段として，「欲望」以外の原理をもたない。自由主義の対極に共同体主義が置かれる場合でも，この二つをいかにして折り合わせるかの論理的接点は見当たらない。それは，反対対立する考えの〈中間〉（あいだ）を開くという着想が欠落する，二元論的思考の限界である。対して〈縁の論理〉は，〈あいだを開く〉ことがなぜ必要なのか，いかにすればそれが可能なのか，を明らかにするための理論装置である。大乗仏教（縁起観）に由来する〈縁〉の理念は，西洋近代の学問を手本と仰ぐ日本の学界では，かつて取り上げられたためしがない。本書第Ⅰ部は，〈縁〉の理念を軸に，都市における〈出会い〉の実現可能性を追究する。

　人間の生きる世界は，〈縁結び〉によって成り立つ。このことが認められたとしても，なぜ「都市」が問題なのだろうか。都市的世界に関して，〈縁〉と〈出会い〉がことさら強調される理由がどこにあるのか，という疑いが呈されたとしても，不思議はない。これに答えるべく，「都市とは何か」をまず問題にしたい。「都」と「市」，この二つが都市の成立条件である。「都」（みやこ）とは「宮処(みやこ)」，つまり神の住まう宮（＝御屋）のある，聖なる場所である。単な

る人間的世界というだけではない宗教的特性が，その存立にかかわっている。これに対して，もう一方の要素「市」とは，言うまでもなく「市場」，つまり商業行為が行われる場所を意味する。表面的には異質に見えるこれら二つの要素——宗教と経済——が，一体となって成立する世界，それが都市なのである。〈縁〉を結ぶ行為は，現実の社会において人と人が交わるばかりではなく，そのことをつうじて絶対者（神や仏）にかかわるふるまいを意味する。都市の現実は，利益追求を旨とする経済活動におおむね支配されるにしても，物質的な経済交換は，宗教的な象徴交換から切り離すことができない。このことは，カール・ポランニー（1886-1964年）などの経済人類学からも明らかにされている。

　都市は，宗教的・象徴的意味と経済活動が統一された世界であり，生きられる都市にはすべて，この二つの要素からなる独特の個性がある。この事実を，〈縁の論理〉と両輪を成す〈かたちの論理〉によって明らかにすることが，第Ⅱ部の眼目である。〈かたちの論理〉とは何だろうか。日本語の〈かたち〉には，「目に見える物事の姿，外形」といった意味がある。それに対して，〈かた〉には「さまざまな〈かたち〉に共通する特徴・形態」のほか，「慣例」「規範」といった意味が考えられる。同じ意味に用いられることも，しばしばある〈かたち〉と〈かた〉。この二つの項の相互作用によって，物事の変化発展を説明しようとするのが，〈かたちの論理〉である。

　都市の現実は，上に述べたような宗教的意味と経済活動から構成される。とりわけ宗教において，人々の生きる〈かたち〉の多様性が明らかである。同時に，さまざまな〈かたち〉が混じり合うだけではなく，真の共存へと開かれるために，〈かたち〉を統一することのできる〈かた〉が求められているということも，宗教紛争の絶えない世界の現実を見れば，納得されるのではないだろうか。

　問題は，何も宗教だけではない。具体的な都市設計においても，地域ごとの特殊性である〈かたち〉と，それを超えた一般的な〈かた〉をいかに媒介するかが，つねに課題として問われている。〈かたち〉の特殊性と〈かた〉の一般性をいかに折り合わせるかが，〈かたちの論理〉に託された風土学の課題である。その最終地点を見すえる前に，しておかなくてはならないこと，それは，極度

に西洋中心的な過去の都市像を正すべく，西洋と西洋以外の都市の双方に，対等な〈かた〉を見出すという手続きである。第Ⅱ部の諸論考は，ヨーロッパと日本の都市にそれぞれ認められる〈かたち〉と〈かた〉の比較研究に充てられる。

　いま手短に紹介した各部の性格は，それぞれの「序」で，いくらか立ち入って論じられる。「序」とそれに続く各部6章を読み合わせられるなら，「都市の風土学」にとって〈縁の論理〉と〈かたちの論理〉が，いずれも必須である理由がおわかりいただけるだろう。

編　　者

目　　次

はじめに

第Ⅰ部　〈あいだ〉を開くために

序 ……………………………………………………………………………… 5
　　〈あいだ〉とは？／都市における〈あいだ〉／二つのアプローチ

第1章　日本的ソーシャルワークと〈あいだ〉の論理 ……… 狭間香代子 … 13
1. ソーシャルワークと文化的差異
2. 「連携」研究におけるわが国の特徴
3. 「連携」事例に見る関係性
4. 日本的ソーシャルワークと風土学の視座

第2章　宗教的ケアの理念と現実 ………………………… 宮本要太郎 … 26
　　――「臨床宗教師」の制度化へ――
1. 宗教と社会の現実
2. 「臨床宗教師」誕生の経緯
3. スピリチュアルな痛みとスピリチュアルケア
4. ケアが前提とする関係性
5. スピリチュアルケアと宗教的ケア
6. 「宗教的ケア」の現状と課題
7. 宗教のケア的側面とケアの宗教的側面

第3章　公益法人を運営するということ……………………水野友晴…38
　　　──〈脱中心化〉と〈再中心化〉に即して──
　1.　新公益法人制度下における"広義"の公益と"狭義"の公益
　2.　〈出会い〉の場としての公益サービス
　3.　一燈園(財団法人「懺悔奉仕光泉林」)成立の経緯
　4.　新公益法人制度への移行
　5.　公益法人を運営することの意義

第4章　〈縁〉の倫理……………………………………………木岡伸夫…52
　1.　〈縁〉の理念
　2.　〈縁〉をいかに結ぶか

第5章　建築とまちのリノベーション ………………………江川直樹…67
　1.　集住環境のデザイン
　2.　大学連携地域再編まちづくりへ

第6章　持続可能な縮小都市の〈かたち〉……………………若森章孝…83
　　　──グローバル化時代の都市モデル模索──
　1.　成長の時代から縮小の時代へ
　2.　機能主義的な近代都市の〈かたち〉
　3.　縮小都市論の展開
　4.　「空き」の再利用と持続可能な都市の「かたち」
　5.　成長至上主義から縮小社会への移行

第Ⅱ部　〈かたち〉の論理

　序………………………………………………………………………………99
　　　〈かたち〉と〈かた〉／都市の〈かた〉／東西の統合へ

第7章　パリの景観保全 ……………………………………江口久美… 107
　　　　　——「ピトレスク」をめぐって——

1. パリの都市景観
2. 「ピトレスク」の意義と歴史
3. 古きパリのピトレスクな景観
4. 景観保全の展開

第8章　琉球の都市と村落 ………………………………………松井幸一… 121
　　　　　——集落の形成思想をめぐって——

1. 地理学と〈あいだ〉の研究
2. 集落を形成する思想
3. 集落形成における風水思想
4. 湧水分布にみる集落の共通性と差異
5. 都市と村落の〈あいだ〉

第9章　古代ギリシャの民主制と理性 ……………………中澤　務… 137
　　　　　——都市の思想の源流——

1. 古代ギリシャにおける都市の〈型〉
2. プロタゴラスと民主制
3. プラトンと民主制
4. 2つの理性のはざまで

第10章　関一と「大大阪」……………………………………河野康治… 150
　　　　　——田園都市思想の実践——

1. 「田園都市」と「田園郊外」
2. 「大大阪」の構想
3. 土地区画整理事業
4. 「大大阪」計画の総括

第 11 章　田舎家の〈縁〉………………………………土屋和男… 163
　　　　　——再発見・再利用された民家——

1. 「田舎」と田舎家
2. 古材・移築・改築
3. 重なりの派生物
4. 使い続けられる家
5. 建築による「自己了解」
6. 自然と人為の〈出会い〉

第 12 章　ユネスコ学習都市構想の社会学 ……………赤尾勝己… 180

1. ユネスコ国際会議の概要
2. 「持続可能な開発目標」(SDGs) の社会学的考察
3. ユネスコ学習都市・岡山市のケーススタディ
4. 〈出会いの風土学〉に寄せて

*

おわりに　　195

〈縁〉と〈出会い〉の空間へ
——都市の風土学12講——

第Ⅰ部
〈あいだ〉を開くために

序

〈あいだ〉とは？

 「はじめに」に述べたとおり，「都市の風土学」の目標は〈あいだを開く〉ことにある。いつ頃からだろうか，書物のタイトルや論文のテーマに〈あいだ〉(ほとんどが平仮名表記) の文字が目に付くようになったのは。ご多分に漏れず，筆者にもそれを冠した一書 (木岡2014) がある。
 同類の身で僭越ながら，そういう著者たちに向けて，「あなたは，どういう意味でその言葉を使っているのですか」と訊ねたい衝動を抑えることができない。というのも，おおよそ「二つのものの中間」といった意味で〈あいだ〉を使用していると思しき方々は，この語が含む毒に，気づいていないのではないか，と思われる節があるからである。筆者と世の〈あいだ〉愛用者に，もし違いがあるとすれば，それは，この語が含む破壊力に気づいているか，いないかにある。
 「中間」という意味での〈あいだ〉の使用は，人がふつうに用いている論理と真っ向から対立する。私たちの日常生活は，AとAでないもの (非A) というふうに，二つのものを区別する二元論によって営まれている。その考えは，Aと非Aの中間はありえない，とする「排中律」に明らかである。中間的な〈あいだ〉を認めることは，そういう二元論と排中律に失効を宣告することである。もしそういう意識なくして，便利な符牒のように〈あいだ〉が使用できると考える向きがあるとすれば，その方には，身近で日常的な論理を否定してもよいのですか，という問いを進上しないわけにはゆかない。
 旧著に論じていることだが，〈あいだ〉を「中 (間)」とした場合，「中」とは「二つのもののいずれでもないがゆえに，そのいずれでもある」という，矛盾的な事態を意味する (同：30)。それは，「Aでもなく非Aでもないがゆえに，Aでもあり非Aでもある」という，ややこしいあり方である。山内得立は，そ

の考え方を「レンマ的論理」と呼んで，通常の「ロゴス的論理」から区別している（山内1974）。二つの論理が区別されるのは，どうしてか。〈あいだ〉〈中〉を認める思考法が，日本や東洋の伝統にはある。そういう東洋的なレンマと，明治以降に西洋から入ってきた新しいロゴスを，それぞれ東西を代表する論理思想として「総合」することが必要だと考えられるからである。

　ここからは，論理の問題に立ち入ることなく，〈あいだ〉が重要である理由を，「風土」つまり人間環境の問題として考えてゆく。「あいだ」は「合処（あひど）」の転（大槻春彦『言海』），二つのものが「合（会）う処」である。甲と乙が「会う」ところは，地理的なイメージで言うなら，甲の所在でも乙の所在でもなく，両者の〈あいだ〉，中間地点でなければならない。この意味における中間的な〈あいだ〉は，〈出会い〉が成立する場所である，そう言ってよいだろう。そのような〈あいだ〉を，甲が乙を迎え入れるとともに，乙が甲を迎え入れることの可能な場所，と考えるとき，甲と乙の双方を包み込む〈場〉の拡がりがイメージされる（図1参照）。

　「人間」を「人の間」として解釈した和辻哲郎は（1889-1960年）は，「あいだ」を倫理的な関係，「間柄」と把えた。その倫理学が扱った「間柄」の典型は，君臣，父子のように，封建社会を支えるタテの人間関係である。そのような意味での「間柄」と〈あいだ〉は，同じではない。「間柄」の意味する関係性が，固定的・規範的な秩序であるのに対して，二者の〈あいだ〉では，〈出会い〉をつうじてヨコの関係が成立する点において，一定の自由が約束されている。「間柄」は，社会に先在する人間関係の枠組みである。これに対して〈あいだ〉は，〈出会い〉によって開かれる関係の可能性である――それゆえ，〈出会い〉が成立しない場合には，関係も成立しない（この点を，筆者の担当する「第4章〈縁〉の倫理」で論じる）。都市共同体の命運を左右するのは，〈あいだ〉であって「間柄」ではない。このことを最初にお断りする。

都市における〈あいだ〉

　都市は，さまざまな〈あいだ〉を含んで存在する。都市における〈あいだ〉は，過去から現在まで機能してきた「間柄」を土台とし，その上に新しい関係の可

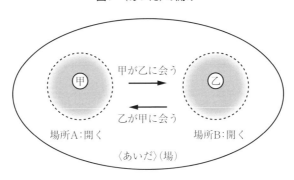

図1 〈あいだ〉の開け

能性を付け加えつつ，刻々に変化している。そうした中で，現在の都市には，従来なかったような関係が生まれている。その典型は，20世紀後半に浮上してきた情報社会の非対面的な人間関係，たとえばSNSのそれである。メディア論で著名なマクルーハン（1986）は，農村社会に顕著な対面型のコミュニケーションに代わって，情報ネットワークが結ぶ「地球村」（グローバル・ヴィレッジ）が出現することを予言した。20世紀前半に生まれた工業社会から，脱工業社会，さらに情報社会への急激な転換が，都市の〈あいだ〉に質的な変化をもたらした事実は無視できない。だが，本書で取り上げるのは，都市の存在性格を左右する情報化の問題ではなく，それを背景として生じてきた関係性の質的変化である。情報化が人間関係にどんな影響を及ぼしたところで，人々は空中浮遊するわけではなく，現実空間に根を下ろして，たがいに交わり続けていることに変わりはないからだ。

　とはいえ，〈あいだ〉が意味するものは，単なる人間関係ではない。〈出会い〉の成立には，そのために不可欠な条件がいくつか存在する。その条件を充たすことによって，都市空間は一定の〈構造〉をそなえた〈場〉となる。では，〈あいだ〉が開かれるための〈構造〉とは，どういうものだろうか。「序」の性格上，最低限の説明にとどめることをお許しいただけるなら，風景ないし景観がそこに生まれ，展開することである，という一点を主張したい。都市のハー

ドウェアに関係する景観の問題を無視して,〈あいだ〉を論じることはできない,という事情に若干言及する。

　出会う主体同士は,その場において「風景」を共有する。「風景」とは,場所に固有な「世界の見方」(文化地理学者コスグローヴの表現)である。むろん,風景が誰にとっても同じ意味をもつわけではない。同じ自然や建築物が,甲にとって親近的であるのに反して,乙にとってはよそよそしい印象にとどまるということも,当然ありうる。しかし,主観的に異なる風景も,それを生じさせる場所の客観面——景観——においては同一である。とすると,〈出会い〉の〈場〉において,主観的差異としての風景と客観的同一性としての景観が,同時に体験されるということになる。個性的な風景と一般的な景観,差異と同一性が,〈出会い〉の場で統一されるためには,どのような都市設計をすればよいのかという技術的課題が,こうして浮かび上がってくる。それを問題にすることは,人と人がいかなる仕方で出会って〈縁〉を結ぶかを左右する,〈あいだ〉の〈構造〉を考えることである。このような観点から,都市空間の整備に関する3つの課題——保存・保全・開発——の意義に接近することが可能になる。

　「保存」とは何か。「伝統的建造物群保存地区」の指定が物語るように,歴史的価値をもつ建築物・町並みを維持することによって,かつて存在し,今日もなお息づく〈あいだ〉の記憶を甦らせることである。それは,過去に開かれた〈あいだ〉を,現在に引き継ごうとする企てにほかならない。

　「保全」は「保存」につうじるものの,この二つはまったく同じではない。「保全」は,近代の建築遺産が例に挙げられるように,過去の歴史的雰囲気を維持しつつ,可能な範囲で機能の現代化を施すやり方である。例としては,大阪中之島の中央公会堂その他の建造物が,外観を昔のままに保ちつつ,内部を改装して現代的な利用の便宜を図っているケースなどが挙げられる。現に開かれている〈あいだ〉を守ることが,中心になるという点で,「保全」は過去中心の「保存」とは異なる,現在中心のスタンスを表す。

　「保存」「保全」の対極に位置づけられる「開発」。「開発」の目的は,生活・産業基盤の空間的整備により,経済の活性化を図るということである。それを,

いまだ存在しない〈あいだ〉を切り拓く企てとして把えるなら，「開発」を「保存」「保全」から乖離する営為と見るべき理由はない。過去に開かれていた〈あいだ〉が，災害によって失われたような場合——2011年の東日本大震災で津波に呑み込まれた地域が，すぐ思い浮かぶ——，過去に存在しながら，いまは失われた〈あいだ〉を回復することが，「復興」としての再開発事業の眼目となる。「開発」「再開発」のいずれにしても，現時点では存在しない〈あいだ〉を開く，という点において，未来志向の企てと言ってよい。

　以上3つの課題のうち，「開発」と「保存」が，もし全面的対立のように把えられるとすれば，それは「乱開発」が物語るように，開発の内実が特定主体の利益追求でしかなく，〈あいだ〉の維持や創出とは無関係な企てにとどまっているからである。過去中心の「保存」，現在中心の「保全」，未来中心の「開発」。それぞれ重心が異なるものの，都市経営の柱となる3つの契機は，いずれも〈あいだを開く〉という共通の目的に関係する。したがって，これまで開かされ続けてきた「開発か保存か」という陳腐な二項対立を，そのまま真に受ける必要はもはやない。

二つのアプローチ

　第Ⅰ部を構成する全6章は，〈あいだを開く〉という課題をめぐる，対照的な二つのアプローチを体現する。その一方は，人と人の〈あいだ〉をいかに開くか，という人間的・倫理的な関心によるアプローチ，他方は，〈あいだ〉が開かれる都市の構造設計に関するアプローチである。この二つは，「都市と人間」に関するソフトウェアとハードウェア，というように区別されるべきかもしれない。もちろん，ソフト（機能）とハード（構造）は切り離せるものではないし，各章において論者の視点から統一が図られていることに変わりはない。それぞれの内容は，読み取られる読者に判断していただくとして，編者の立場から，ごく簡単な注意点だけを申し上げることにする。

　「第1章　日本的ソーシャルワークと〈あいだ〉の論理」（狭間香代子）は，対人関係に深くかかわる社会福祉の領域を専攻する論者が，編者の説く〈あいだ〉の理念に共鳴して，「日本的ソーシャルワーク」の理論的可能性を追究し

た成果である。欧米の理論に支配され続けてきた日本の学界が，日本社会の特殊性を自覚するところから企図された研究である。

　「第2章　宗教的ケアの理念と現実――「臨床宗教師」の制度化へ――」（宮本要太郎）は，第1章と同様，対人的なケアが求められる宗教者の世界に生じてきた変革の動きを，その渦中に身を置きながら，アクション・リサーチをつうじて伝える報告である。そこで紹介される「臨床宗教師」の制度化は，〈あいだを開く〉ことこそ，宗教が今日に生きるカギであることを，如実に物語っている。

　「第3章　公益法人を運営するということ――〈脱中心化〉と〈再中心化〉に即して――」（水野友晴）は，歴史の古い研修施設である一燈園が迫られた，新「公益法人」への移行手続きに携わった論者が，理念と現実のはざまで模索した組織再生への道筋を綴ったドキュメント。公益法人のめざすべき方向を，風土学が提示する〈脱中心化〉と〈再中心化〉の枠組みに当てはめる斬新な解釈が試みられている。

　「第4章　〈縁〉の倫理」（木岡伸夫）は，編者自身が提示した〈邂逅の論理〉を，都市の現実にいかに適用するか，という課題に答えようとする試みである。ここで「〈縁〉の倫理」は，「個人に対する責任」と「全体に対する責任」のいずれかではなく，両方を引き受けることと規定される。〈あいだを開く〉ことの倫理的意義が，かくして結論づけられる。

　続く二つの章は，主として都市の構造設計に関係する。

　「第5章　建築とまちのリノベーション」（江川直樹）は，その論題から明らかなように，建築家である論者が，単体の建築設計ではなく，集住環境――その表現によれば，「集まって住むカタチ」――をいかに設計してきたかの報告である。その中では，論者の取り組みが，大学と地域の連携事業へと結実していった経緯も辿られている。

　「第6章　持続可能な縮小都市の〈かたち〉――グローバル化時代の都市モデル模索――」（若森章孝）では，20世紀型の都市思想に代わるものとして，近年唱えられている「縮小都市」論に注目して，その可能性が追究される。しかも論者は，拡張志向の都市開発が生み出した負の遺産である空き家，空き地を

〈出会いの場〉として利用する，という本書の理念にふさわしいタイムリーな提言を行っている。

　以上の全6章は，都市の風土学の最重要テーマである〈あいだを開く〉という課題に，それぞれの立場から答えを出していることがお解りいただけるだろう。

【参考文献】
木岡伸夫（2014）『〈あいだ〉を開く——レンマの地平——』世界思想社
マクルーハン，マーシャル（1986）『グーテンベルクの銀河系——活字人間の形成——』森常治訳，みすず書房
山内得立（1974）『ロゴスとレンマ』岩波書店

第1章

日本的ソーシャルワークと〈あいだ〉の論理

狭間　香代子

> これまで英米の理論に準拠してきた日本のソーシャルワークに，文化的差異の視点を取り入れる動きが出てきた。「生活場モデル」に見られる日本的な生活文化の重視は，日本社会に適合するソーシャルワークの必要性を物語る。この趨勢を踏まえ，〈あいだを開く〉という風土学のスローガンを，ソーシャルワークに活かすことを試みる。

1. ソーシャルワークと文化的差異

日本のソーシャルワークにおける文化的問題

　ソーシャルワークとは，社会福祉及び医療等の関連領域で，生活困難に対する相談援助の方法を意味し，実践と体系化された理論を含む。ソーシャルワークは英国で誕生し，米国を中心に大きく発展してきた。わが国には，1920年代にソーシャルワークの主要方法である「ケースワーク」の概念や用語が紹介されているが，社会福祉実践の方法として積極的な導入が図られたのは，第2次大戦後である。

　戦後，わが国は米国の文化や思想等を積極的に取り込んできた。福祉領域でも同様であり，特にソーシャルワークの方法は米国からの直輸入であった。ところが，米国流のソーシャルワークがわが国に根づいたかというと，そうとは言えない。その理由の1つは，文化の違いである。

　岡本民夫は，文化とソーシャルワークとの関連について，3つの側面から論じている。第1は，社会生活上の文化の違いから生じる問題である。第2は，特にソーシャルワークが対人関係を基盤とする援助であることから生じる文化の違いの影響である。第3は，文化的背景の異なるソーシャルワークの受入れ

は，逆に新しい状況を創り出し，ソーシャルワークの発展に寄与するという点である。つまり，異質な文化で生成されたソーシャルワークの導入は，功罪ともに影響を与えるという視点で論じている（岡本1981：72-73）。

　英米発ソーシャルワークのわが国での限界については，価値領域での問題を挙げる研究が多い。実践を方向づける価値については，米国で提唱された原理・原則を基礎にして論じられている。例えば，援助関係の重要性を述べた「ケースワークの原則」は，わが国のソーシャルワーカーが広く知るところであり，また実践を方向づけている。この原則を唱えたバイステックは，ケースワークの研究者であるとともに，神父でもあった。この意味でも，この原則がキリスト教文化の影響が強いものと言うことができる。

　特に「自己決定の尊重」について，わが国の文化との齟齬が指摘されている。中村永司は，自己決定は「自律と自己貫徹の要求」をもつという個人像を前提としているが，この個人像は日本の文化に受肉化されていないという（中村1990：250）。空閑浩人も日本人の「自己決定」について，利用者の「自律的」な側面や，明確な自己主張による決定や判断ばかりを意味するのではなく，「他律的」とされる決定であっても尊重されるべきだと述べている（空閑2014：124）。

「生活場モデル」の登場

　文化的差異の問題に関連して，新たに日本の生活文化を基盤とした日本型モデルが登場した。それは「ソーシャルワークの国際的な普遍性の視点に立って，日本的独自性をもつソーシャルワークのあり方を描くこと」を目的として，空閑浩人が提唱した「生活場モデル」である（同：13）。空閑はモデル構築のために，文化人類学などが論じる日本文化論を援用しつつ，日本のソーシャルワーカーがもつ準拠枠の提示を試みた。

　まず，日本の生活文化の特性については，「世間」という概念を導入する。日本人にとっての「世間」とは，いわゆる社会とは異なる。日本人は「世間という枠の中で，周囲の人々との良好な関係を保つことを優先した意思決定，行動，生活様式」（同：94）を取っており，そこでは自律的な個人とは異なる姿が

あるとして，個人としての日本人のあり方を濱口恵俊が言う「間（あわい）の文化」を援用して，日本人は自立した個人というよりも，周囲や状況を読み取って動く個人であるとして把握した。空閑はこれらの概念に基づきながら，日本でのソーシャルワークのあり方を検討し，「世間をその生活世界として『間（あわい）の文化』のなかで，受け身的な対人関係を持ちながら，日々の生活を営む日本人とその生活を支える『場』，すなわち日本人の『生活場』への視点を重視した」(同：124) ソーシャルワークを唱える。

日本的ソーシャルワークの形成

空閑の言う「生活場モデル」は，日本独自の生活文化を基底に日本人の特性を準拠枠としたソーシャルワーク論の提案である。このモデルでは，英米の理論との関係は次のように把握される。ソーシャルワークには，国際的に普遍的な側面とそれぞれの社会や文化に応じた独自な側面がある。日本のソーシャルワークに求められることは，米国的ではない自前の思想に基づいた実践モデルであり，それが日本型モデルである。さらに空閑は，日本発のモデルが国際的に発信されて普遍性を帯びることの可能性があるとも述べている (同：205-206)。ここでは，ソーシャルワークの普遍的な側面と日本独自のソーシャルワークが，二元的に設定されている。

キリスト教文化を背景として形成されてきたソーシャルワーク理論の中には，わが国の生活文化との乖離を生じさせる面がある。しかし，わが国の実践では，英米の理論を踏まえながら，一方でわが国の生活文化の根底にある考え方，やり方に従って，わが国流の方法で援助を行っている。実践現場に広く紹介されてきた理論を基礎として，日本人の生活様式に合うように応用しながら援助をしている。では，わが国のソーシャルワーカーは，知識としての英米の理論と日本人特有の行動様式を，どのように折り合いをつけて実践を行っているのだろうか。

本章では，この点を解明するために，日本人の精神文化の根底にある「縁の論理／倫理」を焦点化して，日本のソーシャルワーカーが理論と実践を行き来しながら，融合を図っていくプロセスの枠組みを明らかにする。具体例として，

近年,重要度が増大している「多機関との連携」を取り上げる。援助する側から捉えた場合の日本人特有の「関係の取り方」や「関係の調整」について掘り下げ,その背後にある日本的精神風土を論じる。

2.「連携」研究におけるわが国の特徴

ソーシャルワークにおける「連携」研究の動向

　社会福祉領域で,「連携」が注目されるようになったのは,2000年の介護保険制度の導入の前後からである。欧米で展開している連携やチームに関する研究の影響も受けて,連携に関する理論研究が登場し始めた。特に,介護保険を基盤とした高齢者保健福祉領域での研究が進展していく。同様に,精神保健福祉領域においても,病院から地域移行という過程の中で,連携が重要な位置を占めるようになった。ここでは,福祉領域から発信されている連携に関する研究を取り上げ,連携の概念について整理する。

　連携研究を検討するには,「連携とは何か」を明確にする必要がある。英語圏の研究では「連携」に該当する用語が複数あり,わが国ではそれらを区別せずに「連携」という訳を当てはめている。英語で「連携」に該当する用語には,linkage, coordinate, cooperation, collaboration等がある。わが国の福祉領域の連携研究では,米国のジャーメインの所説が多く取り上げられており,そこではcollaborationが用いられている。これを「連携」と訳すかどうかは,わが国の研究者によって異なる。

　野中猛は,linkageを「連結」,coordinationを「調整」,cooperationを「連携」,collaborationを「協働」と訳しており,それらは構成員の関係性の密度から段階的に示されるとしている(野中2007：14-15)。山中京子は,ジャーメインのcollaborationを「連携」と捉え,cooperatingを「協力」としている(山中2003：7)。これらの訳語の混乱を前提にした上で,吉池毅志・栄セツコは,cooperationを「連携」,collaborationを「協働」と訳し,両者はともに目的達成のための手段的概念であり,協働を達成するための下位の手段的概念が連携であるとしている。さらに「チーム」を,連携が可視化された形態であると捉え

た（吉池・栄2009：116）。

　日本語訳の混乱の理由の1つは，連携が動的で変化を特徴とするからである。連携がプロセス性をもち，変化するプロセスのどの段階を捉えるかで，連携の意味が論者によって異なるのである。このように欧米の研究を拠り所にわが国での連携の研究が展開しているが，一方で，これらとわが国との連携の捉え方の違いも指摘されている。

「連携」研究における日本的特徴

(1)連携の定義における文化的違い

　山中は，欧米と日本の研究者の定義を比較し，連携の構成要素の中で「行為・活動」の項目に，特に両者の違いが顕著であるとしている（山中2003：4-5）。欧米の論者は「行為・活動のプロセス」に着目して，具体的な行為や活動とそれらの連続性等のプロセスを重視する。一方で，日本の論者は，プロセスや具体的な行為等ではなく，協力などの「関係性」を焦点化している。日本では，連携の相互促進的な協力関係が重要視されるのである。

　山中のこの指摘は，ソーシャルワークにおける「日本的特性」を考察する場合に，重要な示唆を与える。日本では，当事者間の協力等の関係づくりが，連携において優先されるのである。同様な視点は，連携からチームワークといった集団形成においても指摘されている。

(2)集団形成と日本人の特性

　連携を手段として，より統合化されたチームとして形成していく過程を，野中猛は集団論を用いて論じている（野中2007：39）。野中によれば，チームケア形成過程において，欧米では凝集性よりも機能性を重視し，逆に日本では機能性よりも凝集性が重視される。その理由として，日本人は欧米人に比べて個が確立していないために，容易に集団を形成するが，納得して形成された集団ではない。欧米人は集団の形成に時間がかかるが，形成されると機能を発揮していくと説明される。

　野中は，この違いの根底に日本人の特性があると想定し，「基底的集団心

性」を踏まえて，日本人の集団形成には「タテの人間関係」や「個が集団に埋没すること」などが背景にあると指摘する。その上で，これらの日本人の特性をカバーして，機能性を担保する方法を挙げている (同：39)。

このように，連携の研究領域では日本人のもつ特性の影響が論じられている。一方，実際の援助の場ではどうであろうか。次に具体例を取り上げて，わが国の連携の実態について検討する。

3.「連携」事例に見る関係性

事例分析の概要

筆者は，障害者の総合的相談窓口である「基幹相談支援センター」(以下「基幹」とする) の相談員と3年間にわたって事例検討会を実施し，その内容と分析を報告書としてまとめた。当報告書では，取り上げた7つの事例について事例ごとに分析してまとめるという手法ではなく，7つの事例に共通する項目を抽出し，項目ごとにその内容を分析する方法を採った。

共通項目を既成概念と照らし合わせて，8つのカテゴリーを設定し，それらの中で，すべての事例のデータが含まれるのが，「連携カテゴリー」である。このカテゴリーは7つのコードで構成され，それらは，①連携機関で役割を分担する，②情報共有をする，③他機関とのつながりを促す，④連携機関の専門性を活かす，⑤複数の眼がある，⑥歩調を合わせる，⑦支援者間の支え合いがある，というものである。

多機関連携と関係性

連携カテゴリーの中で，ここでは多機関連携に該当する内容について取り上げる。これは，1人の利用者 (または家族) に対して，関係機関が協力関係を構築して支援する形態である。7つの事例の中で，この点に関連する内容を含む事例が2つ見出された。関係機関や利用者が特定できるような詳細な事例内容の記述はできないので，概略を述べる。

第1事例は，多機関連携でコーディネートを担う機関の担当者Aが，利用者

に過剰に感情移入しているのではないかと,「基幹」の相談員が感じた事例である。Aは利用者との関わり期間が長く,そのためもあって,利用者に対して保護的な感情を強くもって接している,と「基幹」の相談員は感じた。具体的には,見立てや支援の根拠となる検査などが全くなされずに,Aの主観で援助がなされていると思われたからである。さらに,感情移入の傾向は,Aの言葉の端々に表れており,カンファレンスでも情緒的な表現が度々発せられ,感情が先走りしていることが窺われた。しかも,本人のために問題を解決したいという思いだけが優先され,カンファレンスを活用して解決したいという言葉とは裏腹に,すべてのことは事後報告であり,多機関連携という言葉の割には,情報共有が進んでいないという状況であった。

　第2事例は,連携が円滑に進んだケースである。この利用者には9か所の機関と事業所が関わっており,この中のコーディネート機関の担当者をMとする。利用者はMを嫌っている様子で,直接に連絡することはない。しかし,実際にカンファレンス等を定期的に実施しているのはMであり,調整役を果たしている。また,この利用者の状況についての情報も,毎月Mが報告書を各連携機関に送っている。この点について「基幹」の相談員は「Mが嫌われ役をかってくれていた」と理解しており,調整役を担ってくれているので,連携がスムーズに進行していると捉えている。一方で,他の機関の担当者は,利用者と面談し,家族の様子を見守るなどの直接的な支援を行っている。これらの情報をMが取りまとめて,報告書を配布することで,情報共有もなされているのである。

　連携の基本である役割分担や情報共有が上手くいくと,別な側面にも肯定的な結果が生じる。その1つが「複数の眼」である。利用者の安全確保のために大勢の見守りが必要とされるケースであるが,複数の機関の円滑な連携が安全性を向上させたのである。

　また,利用者と一部の連携機関担当者の関係が上手くいかない場合に,他の機関が補うことで,援助側が相補的に支え合うことができている。これは近年,増加している困難事例と言われるケースに対応する場合に,援助者が疲弊しないための1つの方法である。これも連携が上手くいった場合の成果である。

2つの事例を比較すると，第1の事例で連携が進まなかった要因として，コーディネート役のAに対する「基幹」の相談員の不信感が挙げられる。ソーシャルワークでは，援助関係の原則が知られており，これはソーシャルワーカーにとっては基本的価値である。その中に，「統制された情緒的関与」がある。これは「援助者が援助過程で自らの感情を意識するとともに，コントロールする」ことを意味しており，過度な感情移入は避けるべきとされる。また，「守秘義務」の原則では，クライエントについて知りえた情報を漏らさないこととされるが，チーム等で援助をする場合には共有の必要性が認められる。

　また，コーディネート役のAが基本原則を踏まえていないことに，連携する機関の担当者が違和感をもち，さらにそれについて指摘できないことが，不信感を募らせた。換言すると，連携する担当者間での人間関係が形成されていないと言うことができる。したがって援助目的に共通認識をもち，目的達成に向けて協力していくという機能性は，発揮できないままで進んでしまったのである。

　一方，2つ目の事例では，コーディネート役のMが「嫌われ役を引き受けてくれている」と連携する他の機関の担当者から見なされていることから，根底に人間関係が形成されていて，互いの役割分担を認識し合っていることが窺われる。役割分担や情報共有が進むと，関係の質も向上するのである。

4. 日本的ソーシャルワークと風土学の視座

「縁の倫理」と関係性

(1)「レンマ的論理」と「ロゴス的論理」

　連携に関するわが国の研究や具体例に見られるように，わが国では連携を土台に業務を遂行していく場合，機能性よりも関係性が重視される。その根拠については，文化人類学などを中心として，日本人の特性について様々に論じられている。ここでは，西洋の論理の中心にあるロゴス的論理と東洋の論理にあるレンマ的論理を援用しながら，日本人の日常の生活文化に見られる「縁」の概念を取り上げて，連携における関係性の意味について掘り下げていく。

空閑の言うように，日本人には「社会」という言葉よりも「世間」の方が身近に感じられ，その意味は直観的に理解できる。では，世間は日本人にどう影響しているのであろうか。この点について，木岡伸夫が言う「縁の倫理」に依拠して検討する。
　風土学の先駆的研究は和辻哲郎にあるが，近年ではオギュスタン・ベルクが新たな風土学を展開している。木岡はこれらの研究を異なる方向に推し進めた風土学を構築し，その基盤に「レンマ的論理」を位置づけた。レンマ的論理は「ロゴス的論理」に対比させて用いられ，西洋の二元論的思想に対する東洋的思考である。レンマ的論理はインドの仏教思想を源流とするが，それを西洋のロゴス的論理と対比させて論じたのが，山内得立である。木岡は山内の理論を基に，風土学をレンマ的論理の視座から論じたのである。
　ロゴス的論理は，西洋哲学における「形式論理」に従っており，そこには3つの基本原則がある。その1つが「排中律」であり，「AはBであるか，Bでないかのどちらかである」という判断形式を言う。つまり，Bか非Bかのいずれでしかないということであり，その中間は認めないという論理である。
　一方で，レンマ的論理は「あいだ」を認める論理である。それは排中律を逆転させ，「対立する2者の中間」を認める考えであり，仏教的な「空」すなわち「絶対否定」を根拠とする。ロゴス的論理では，「Aではない」ことは非Aを示すことになり，一方を否定することで他を肯定するという相互否定を表す。しかし，山内によれば，絶対否定はAも非Aも同時に否定し，「肯定も否定もともに否定することによって，〈肯定－否定〉の対立そのものを否定する」（木岡2014：28）ことを意味する。

(2)縁の論理
　レンマ的論理は，縁起の思想と結びつくことで実質性を帯びる。縁という言葉は，わが国では日常でよく用いられており，「東洋的もしくは日本的な精神風土を代表するキーワード」（木岡2017：256）である。縁起思想を研究する三枝充悳によれば，「縁」という文字の「つくり」の字は「ヘリ，フチ」を意味しており，物事の限界を表している（三枝2005：28-29）。つまり，触れ合う限界を

基軸に，「つながり」，「関係」という意味を含み，人間関係に多く転用されて，「縁組」「縁談」などの熟語がある。

「縁」は「関係」という言葉に言い換えできるが，西洋的意味の「関係」とは異なる（同：44）。その違いの根底にあるのが，ロゴスとレンマの論理の違いである。ロゴス的論理では，AとBが各々の独自性をもって分けられた上での関係である。一方でレンマ的論理に立つ「縁」では，AとBは相依相待（そうえそうだい）の関係で表される。すなわち，AもBもそれ自体では本質をもたず，「それぞれが互いに他を待って，他に依って，自己の存在を表す」（木岡2014：30）のである。

このような「縁の論理」に含まれる「無自性」は，個の主体性を否定しない。木岡は，三枝による「縁」の解釈を「関係の主体化」と受けとめ，「縁とは単なる相互依存的な関係による存在を言うのではなく，その関係の中心に自己が位置する」（木岡2017：262）ことと言う。三枝の言葉によると，「AとBとの関係という場合，仏教思想ではそのうちのAがつねに自己ないし自己の現実に関わっているということ」（三枝2005：85）と説明される。

(3) 縁の倫理と世間

仏教思想は，「自己を含む現実」や「人間の生の現実」に徹しきるという特徴をもつ（同：42）。したがって，縁の論理における関係についても，常に自己と自己の現実に関わっているのであり，第三者的に観察された関係を言うのではない。

具体的に「自己ないし自己の現実」というのは，自己の行為を介して説明される。自己の行為は結果を発生させるが，それが自己ないし自己の現実の発現である。さらに，それは自己の責任であるとともに，次の自己の行為に影響する。その結果を自己が引き受けていくことで，自己は転化していき，新たな自己が次の行為を選択するという捉え方である（同：93-94）。

縁の「論理」がもつこの視座は，新たに縁の「倫理」へと展開していく。木岡は，関係の中心に自己が位置することを「関係の主体化」としたが，これは2つの側面をもつと言う。第1には，自己を中心に時間及び空間の全体にわたる関係の拡がりが生まれること，第2には，縁の自覚が，縁に連なる主体のあ

いだの相互的なつながりを生み出すということを挙げる（木岡2017：262-263）。特に後者の面が，日本人になじみ深い「世間」の概念を説明している。

　関係の主体化のこの面について，「おのれを含む同一世界内の人間共同体に対して，その一部ないし全体に生じた問題を，自身の行為との連関――時間的でもあり空間的でもある――によって受け止める態度を要請する」と木岡は論じる。つまり，自己の行為の結果についての責任を共同体に対して負うことを意味する。この点において，縁の倫理は，日本人が感覚的にもっている「世間」の捉え方に同定できる。日本人は「世間体が悪い」とか「世間の口」という表現で，漠然とした世間の眼を感じている。

　このような縁に関する所論に基づいて，ソーシャルワークでの「連携」に関する研究における課題を，日本人の精神性として息づく「縁の倫理」から根拠づけることができる。事例に見られるように，ソーシャルワーカーの業務としての連携の場合でも，ソーシャルワーカーの精神性の中に縁の倫理が内在化しており，それが行為を方向づけている。

　では，英米の理論と縁の倫理は，わが国のソーシャルワーク実践において，どのような関係にあるのであろうか。この点に関して，次に明らかにしていく。

英米の理論と日本的実践との融合

　日本人の精神風土の根底に縁の論理があるということから，ロゴス的論理の「異なった論理を排除する立場」とは別の途を想定できる。レンマ的論理が優先する日本の実践の場では，英米発のロゴス的論理に立つソーシャルワーク論を，否定することなく受け入れることができるのである。

　事例1（19ページ）に示されたように，「基幹」の相談員にはバイステックの援助関係の原則が知識や価値として内在化されている。これが，コーディネート役Aの過剰な感情移入に違和感を抱かせた理由である。しかし，「基幹」の相談員はその点について直接に指摘することは避け，ホワイトボードを使って事例を可視化し，客観的に理解できるように働きかけた。つまり，関係を重視した婉曲的な方法で対応したのである。この方法は，日本の「連携」研究の多くが「関係づくり」を重視していることに一致する。

またこの事例は，わが国のソーシャルワーカーの中に英米発の理論や価値が組み込まれていると同時に，日本人特有の人間関係の調和を優先しようとするもう一方の傾向が，分けがたく融合されていることも表している。

　縁の論理が根底で影響する日本のソーシャルワークでは，英米の理論と日本の実践は，対立する関係には立たない。なぜなら，両者は互いに矛盾することなく並立し，さらには融合させることが可能だと考えられるからである。この点に関連して，ベルクの提起する「通態性」の概念を参照したい。木岡によれば，通態性とは「たがいに還元不能なものとされてきた〈主観－客観〉，〈個人－集団〉，〈自然－文化〉といった二元対立の両極を行き来するあり方」を意味する（木岡2014：135）。さらに，これはレンマ的論理に一致する。二元対立するものは，両者のあいだを常に行き来する反復を通して，変化を累積していくのである。

　わが国のソーシャルワークも，英米の理論と日本的実践との通態化を介して融合しており，その過程で日本的ソーシャルワークの体系化が図られる。日本の風土から新たに誕生する独自のソーシャルワークというよりも，両者の通態化を通して日本的ソーシャルワークが形成される。わが国での連携の研究や実践は，このような融合を反映したものである。

　「連携」に関する研究および具体的な事例を踏まえて，日本的ソーシャルワークが，英米の理論と日本的な精神風土が融合して形成されていることを明らかにした。融合を根拠づける手がかりとして，「通態性」に依拠し，英米の理論と日本的精神風土が対立するのではなく，並立しうることを論じた。

【参考文献】

岡本民夫（1981）「文化の諸類型と社会福祉方法論」仲村優一監修『社会福祉方法論講座Ⅰ基本的枠組』誠信書房

木岡伸夫（2014）『〈あいだ〉を開く──レンマの地平──』世界思想社

木岡伸夫（2017）『邂逅の論理──〈縁〉の結ぶ世界へ──』春秋社

空閑浩人（2014）『ソーシャルワークにおける「生活場モデル」の構築──日本人

の生活・文化に根差した社会福祉援助——』ミネルヴァ書房
三枝充悳(2005)『三枝充悳著作集第四巻・縁起の思想』法蔵館
堺市・関西大学(2018)『基幹相談支援センター相談員のソーシャルワーク力向上のための事例検討会報告書』
中村永司(1990)「社会福祉援助技術　最近の動向」岡本民夫・小田兼三編著『社会福祉援助技術総論』ミネルヴァ書房
野中猛(2007)『[図説]ケアチーム』中央法規出版
山中京子(2003)「医療・保健・福祉領域における『連携』概念の検討と再構成」『社會問題研究』53(1), 1-22
吉池毅志・栄セツコ(2009)「保健医療福祉領域における『連携』の基本的概念整理——精神保健福祉実践における『連携』に着目して——」『桃山学院大学総合研究所紀要』第34巻第3号, 109-22

第2章

宗教的ケアの理念と現実
── 「臨床宗教師」の制度化へ ──

宮本　要太郎

> 本章は，2011年以降注目されることが増えてきた宗教の社会貢献活動に焦点を合わせ，「宗教的ケア」の理念と現実を提示する。その中で，新たに生まれた「臨床宗教師」の制度が，現在の「無縁社会」から脱却するためのカギとなる可能性について検証したい。

1. 宗教と社会の現実

　1995年という年は，オウム真理教が引き起こした地下鉄サリン事件によって，「宗教」に対するイメージが著しく悪化した年であったと言える。それに対し2011年は，東日本大震災の被災地における宗教者のさまざまな活動を通じて，「宗教」に対する評価がやや回復した年であったと言えよう。被災地では，犠牲者の冥福を祈ったり，多くの人びとを飲み込んだままの海に向かって祈りを捧げたり，あるいは絶望や底知れぬ不安などに苦しむ人びとに寄り添ったりして存在感を示す宗教者たちの姿が見られた。地域の寺院や神社などの宗教施設は被災者たちの避難所となり，また伝統的な祭礼の復興が地域の人びとに希望を与えるなど，宗教や伝統文化がソーシャル・キャピタル（社会関係資本）として機能する場面も多く見られたのである（北村2013）。

　実は，1995年の阪神・淡路大震災時にも，多くの宗教教団が被災地で多様な支援活動を展開したが，マスコミがほとんどそれを報道しなかったので，一般にはあまり知られることがなかった。それに比べて東日本大震災の時は，もともと被災地に住む人びとのふだんの生活に宗教が深く根差していたという地域的な事情もあって，宗教（宗教者，宗教施設，宗教的世界観など）が物理的にも

精神的にも被災した人びとを支えている現実が，マスメディアを通じて前景化した——たとえば，粉雪が舞い散る中，瓦礫の中で，あるいは吹雪く海に向かって，経を唱えながら犠牲者の菩提を弔う僧侶の姿は，「葬式仏教」の底力を見せつけるものでもあった。このようにして世間一般でも宗教研究者の間でも，宗教の「社会貢献」や「社会参加」に対する関心が高まり，ポジティブな言説が聞かれるようになったのである。

2.「臨床宗教師」誕生の経緯

　東日本大震災が発生してまもなく，多くの遺体が運び込まれた仙台市の斎場で，仙台仏教会の僧侶が読経ボランティアを開始した。また仙台キリスト教連合も，慰霊活動やグリーフ（悲嘆）ケアを始めた。ところが，公的な場において宗教的な実践を行うことに対して，行政から難色が示されたため，両団体が話し合い，宮城県宗教法人連絡協議会のバックアップのもと，特定の宗教団体に偏らない読経ボランティア・慰霊活動と「心の相談室」が誕生した。相談室では，いろんな宗教の儀礼によって連日，回向や祈祷などの弔いが続けられた。それでも市側からは4月末までと期限を付けられたので，この活動を継続するために，看取り医療を専門とする岡部健が室長となり，事務局を東北大学宗教学研究室の鈴木岩弓が引き受けて，「心の相談室」が新たにスタートした（鈴木2016）。

　「心の相談室」は，死者の弔いからグリーフケアにいたるまで幅広い支援を行ったが，そこには宗教者だけでなく，グリーフケアの専門家，医療や生活支援の専門家がかかわることで，総合的な支援が実施された。あくまで活動の中心は，人びとの悲嘆や苦悩に対する宗教者によるケアであったが，参加した宗教者すべてがそのような活動に精通していたわけではないので，海外でチャプレンの訓練を受けた人などを招いて研修を重ねた。

　チャプレン（chaplain）とは，病院や学校，消防や軍隊などの施設で働く聖職者を指し，主に当該施設で働く人びとの心のケアを担当する。キリスト教徒が礼拝する場所を意味するチャペルに由来するが，必ずしもキリスト教の聖職者

とは限らず，ユダヤ教，イスラム，仏教など，他宗教の「チャプレン」も存在する。宗教者ではあるが，それぞれの信仰を伝道することよりも問題を抱えた人びとの心のケアを優先するために，それに特化した訓練を受けていることが特徴的である。

　2012年4月，地元の宗教界などの支援を受けて，東北大学に「臨床宗教師」養成の場を提供する「東北大学文学研究科実践宗教学寄附講座」が開講された。臨床宗教師とは，「公共空間で心のケアを提供する宗教者」（同講座のホームページ）であり，欧米のチャプレン制度をモデルにしている。

　「世俗化」による影響が見られるとはいえ，欧米では今でもキリスト教の社会的影響力が大きい。それに比して日本では，公共の場で宗教者が宗教者として活動する機会はほとんどないと言ってよい。したがって，東日本大震災の後，実際に被災地で宗教者ならではの活動に改めてスポットが当てられ，公的空間で宗教者が社会貢献できる〈場〉が創出されたのは，少なくとも戦後の日本社会においては特筆すべき出来事であった。

　宗教者が公共の場で活動することに対しては，それを隠れ蓑にして，宗教の布教・伝道がなされるのではないかとの懸念が，当初から出されていた（実際，「心のケア」をうたい文句に，被災地で一方的な布教や強引な勧誘が行われた事例もある）。「心の相談室」でも「チャプレン倫理規範」を作成し，それに基づいて「臨床宗教師倫理綱領」が作られた。「綱領」では，とくに「臨床宗教師自身の信仰を押しつけない（ケア対象者の信念・信仰，価値観の尊重）」ことと「所属組織の規律遵守」が強調されている。さらに2015年には，「臨床宗教師倫理規約（ガイドライン）および解説」も作成されている。

3．スピリチュアルな痛みとスピリチュアルケア

　臨床宗教師が提供する「心のケア」は，「スピリチュアルケア」と称されることも多い。実は，「心のケア」という言い方が日本で人口に膾炙したのは，1995年1月の阪神・淡路大震災がきっかけであった。その時は精神科医や臨床心理学者が，被災者の心のケアの必要性を訴え，その年の6月に，阪神・淡路

大震災復興基金を財源として「こころのケアセンター」が設立された。「心のケア」は，狭義には精神科医療の治療の対象とされる一方で，より広くさまざまな場面での精神的な援助を指すことが増えていった（渡邊2001：19）。

一方，「スピリチュアルケア」という呼称は，とりわけホスピスや緩和ケアなど特定の領域で用いられることが多く，したがってそれらの現場にかかわる当事者を除けば，今日の日本社会で市民権を得た表現とは言えないだろう。それにもかかわらず，看護学の分野を中心に「スピリチュアルケア」についての研究が盛んである。その理由として，シシリー・ソンダース（1918-2005年）の存在は無視できない。彼女は，イギリスの医師として，緩和医療の重要性を訴え，ホスピス運動の誕生に指導的な役割を果たした。

ホスピスとは，元来は中世ヨーロッパで，巡礼者を宿泊させた小さな教会のことを指した。場合によっては，そこで巡礼者のケアや看病をすることもあった（ドゥブレイ2016：437）。20世紀になって，治療の当てのない患者が人生の最後（終末期）を安心して過ごせるようなケア（ターミナルケア）を施す施設が，「ホスピス」と呼ばれるようになった。ソンダースによれば，終末期の患者をケアすることは，単に身体的痛みを取り除くだけでなく，「精神的（心理的）」「社会的」および「霊的（スピリチュアル）」な次元も含めた〈全人的痛み〉に配慮することであり，ホスピスの運動は「医療に人間性を復活させる」ことでもあった（同：458-459）。

さらに，世界保健機構（WHO）も1986年に，「緩和ケア」を「治癒を目指した治療が有効でなくなった患者に対する積極的な全人的ケア」と定義した上で，「霊的問題の解決」を重要な課題と見なしている。身体的・精神的（心理的）・社会的な問題が解決されても，スピリチュアルな問題が解決されなければ，全人的なケアとして十分ではないのである。

それでは，スピリチュアルな問題とは何か。窪寺俊之によれば，スピリチュアリティとは，「人生の危機に直面して『人間らしく』『自分らしく』生きるための『存在の枠組み』『自己同一性』が失われたときに，それらのものを自分の外の超越的なものに求めたり，あるいは自分の内面の究極的なものに求める機能」（窪寺2004：8）である。たとえば，自分自身が不治の病に罹ったり，最愛

の人を突然喪ったりした時,人はそれを理不尽なものとして受け入れがたく感じる。なぜなら,そのことが「私」が「私」であることを根底から揺さぶるからである。そのような事態では,合理的な説得や科学的な説明は無意味となる。スピリチュアルな次元の問題は,スピリチュアリティによってしか解決されない。そこで,スピリチュアルケアが必要とされるのである。

4. ケアが前提とする関係性

　ところで,そもそも「ケア」とは何であろうか。この言葉は,現代の日本社会では,とりわけ介護や看護,福祉や教育などの分野において普通に使われているが,この言葉が日常的に用いられるようになったのは,1980年代半ばのようである。その後,1995年を境に広く使用されるようになったが,その歴史的背景としては,すでに述べたように「心のケア」や「グリーフケア」に対する関心が高まったことを指摘できる。

　ケアに関する議論においてしばしば強調されるのは,ケアするものとされるものとの双方向的な関係である。ケアの関係が成立するためには,ケアする側が相手のニーズに真摯に耳を傾け,その上で自分に何ができるか(できないか)を熟考し,忍耐と謙遜を持ってケアに従事しなければならないとされる。相手に配慮(ケア)する上で,何よりも「傾聴」が重視されるのも,その理由によっている。一方でケアは自己充足の道でもあり,他者は私と「補充関係にある対象」である(メイヤロフ1987：124)。逆に言うと,ケアがケアになるかどうかは,ケアの受容者の側にも大きく依存しているのである。

　ケアは,提供する側と受容する側のどちらかが欠けても成立しないという点で,両者の関係性に基づく。したがって,そこで要請される倫理(ケアの倫理)は,「自律」した主体を前提として〈何が倫理にかなうか〉と問う「正義の倫理」と異なり,〈他者のニーズにどのように応答すべきか〉という問いに基づくものである(林2011：30-31)。それは,「個人主義的倫理学」と「関係性重視の倫理学」との対立として捉えることも可能であろう(木岡2017：142)。

　ここで注意しておきたいのは,スピリチュアリティに関する言説においてし

ばしば,「スピリチュアル＝(既成の宗教や伝統に拘束されない) 個人的なもの」とする前提が自明とされていることである。ここには,「正義の倫理」とつながるような,自律した個人をスピリチュアリティの担い手とする「近代的自己」観が反映している。しかし,少なくともパフォーマティブなケアの文脈においては(すなわち「ケアの倫理」が要請される場では),ケアが成立する前提として,提供する側も受容する側も,ケアを媒介として生まれる関係性に開かれていなければならないという意味で,「関係的自己」,すなわち状況や対人関係において多面的に変容する自己が,ケアの担い手として想定されねばならないであろう(佐久間2000)。

ケアが「関係的自己」間の相互充足的なものであるとすれば,「ロゴス」的な〈私〉(デカルト的〈我〉)をモデルとする自己ではなく,我でも汝でもない存在様態と,我でも汝でもある存在様態が同時に起こりうるような,常に変化する状況の中で,そのつど直観的に生み出されていく「レンマ」的な〈私〉をモデルとする思考が必要かもしれない(木岡2014：木岡2017)[1]。

ケアの場は,容易に理解することを拒絶する「他者」との〈邂逅〉の場でもある。なぜなら,相手のニーズに応えようとする者は,「自他の根本的異質性」の前にしばしば立ちすくむが,それでも何とかして自己を開く(否定する)ことで,他者に寄り添おうとするのであり,その自己否定によって,「他者に呼びかけられた自己が,その魂をゆさぶられることによって,『我あり』と『我なし』のはざまに立つ瞬間,それによっておのれの変容を何ほどか体験する」(木岡2017：270) という事態が生じるのである。したがって,「ケアの倫理」はまた〈縁の倫理〉でもある(同：275-277)。

5. スピリチュアルケアと宗教的ケア

臨床宗教師の特色の1つとして,信仰の共有を前提とする「宗教的ケア」と,それを前提としない「スピリチュアルケア」を分けた上で,もっぱら後者をケ

---

[1] 木岡は,山内得立の『ロゴスとレンマ』(岩波書店,1974年) に従って,レンマを「直観的な把握」の意味で用いている(木岡2014：12)。

アの中心に置いていることが指摘できる。前者は儀礼や教化を伴いながら対象者の信仰的世界観の確立・補強を志向するのに対し，後者はケア対象者の心の状態に沿って，いわば「寄り添い」ながらなされる点に，大きな違いがあると言えよう。あるいは，先に紹介した窪寺のスピリチュアリティの定義に即して論じれば，人がスピリチュアルな危機に瀕した時，その回復を「自分の外の超越的なもの」に求める場合は「宗教的ニーズ」となり，「自分の内面の究極的なもの」に求める場合は（狭義の）「スピリチュアルニーズ」となって，それぞれケアの対象となると考えられる。

　伝統的に，宗教が「ケア」の担い手であり続けてきたことは，間違いなかろう。たとえば，宗教者によるケアに関して，葛西賢太は，宗教の「ケア規範化機能」と「ケアによる自己評価強化機能」があることを指摘している。宗教は，社会に対して倫理・道徳の枠組みを提供してきた。その中には「慈悲」や「隣人愛」など，利他的な精神として人びとの内面に取り込まれ，自律的自発的に他者のケアに取り組むよう，人びとを導く面が見られる（ケア規範化機能）。一方，宗教的な文脈においては，困っている他者を助ける行為は，単に相手のためだけでなく，「菩薩行」として，あるいは「神の愛」の発露として，自分自身の信仰を強化するよう働くこともある（ケアによる自己評価強化機能）（葛西・板井 2013 : 6-7）。前者は主に聖職者としての宗教者がかかわってきたが，後者は信仰を持つ人すべてに共通して言えることであろう。

　しかし，宗教の持つケア規範化機能にしてもケアによる自己評価強化機能にしても，それらが人びとをして他者に対するケア活動に従事するよう促す点では，「強化」の機能が見られるものの，実際にそのケアがケアの対象者によって受容されるかどうかは，別の問題である。すなわち，ケアの対象者が同じ信仰を共有していない場合，あるいは現代の日本社会のように，そもそも公的な場での信仰の発露それ自体が「布教」と見なされがちな状況においては，ケア規範化機能もケアによる自己評価強化機能も，宗教組織内部の，あるいは個人の内面の，自己満足的なものとして批判的に受け取られかねないのである。

　そもそも宗教とは元来，苦しむ人に寄り添い，支えてきたのであって，「臨床宗教師」という呼び方はトートロジーではないか，という批判もある。しか

し,「臨床宗教師」制度の発足時から中心的な役割を担っている谷山洋三が,その著書において,「私の夢は,『臨床宗教師という言葉がなくなること』です。言いかえれば,『すべての宗教者が臨床宗教師になること』,つまり,わざわざ臨床宗教師という言葉を使わなくても,すべての宗教者が他者の信仰に寛容になり,普段から心のケアを提供する社会になることです」(谷山2016：178)と語るとき,「臨床宗教師」とは,単に「宗教的ケア」の専門家であるだけでなく,他者の信仰や信念に寛容でありながら同時にケアを提供できる宗教者が想定されており,そのような宗教者は,現代社会において,また宗教の長い歴史を振り返っても,それほど多くはないであろう。

6.「宗教的ケア」の現状と課題

　東日本大震災は,確かに苦悩や悲嘆を抱える人びとに寄り添うことが宗教者に期待されるきっかけにはなったが,このような志向性を抱いた宗教者はそれ以前からも一定数存在していた。たとえば,先述のチャプレンや「パストラルケアワーカー」(チャプレンとほぼ同義であるが,主にカトリック系の病院や施設で使用される用語)は,日本においてもすでに20世紀後半から活動を開始していた。また,それらの名称がキリスト教に由来するものであることから,仏教を背景とするターミナルケア施設の名称として,新たに1985年に田宮仁によって命名された「ビハーラ」では,ビハーラ僧が「仏教チャプレン」として活動している。このように,2011年時点ですでに一定数の宗教者が,それらの資格で病院や施設で働いていた。

　さらに,宗教者には限定されないが,特定の宗教・宗派の影響が強い既存の資格として,「臨床パストラル・カウンセラー」(カトリック),「心の相談員」(高野山真言宗),「スピリチュアルケアワーカー」(高野山真言宗),「大本山清浄華院認定心理カウンセラー」(浄土宗) などの養成も行われている。

　これらは,ある特定の宗教の価値観や世界観を基盤としている点で,「宗教的ケア」と呼びうるものであるが,実践の場ではその「宗教」色が,ケア対象者だけでなくその家族さらに医療従事者によって敬遠されることも多いようで

ある。したがって，これらの宗教的背景を持ちながら「心のケア」に従事する人たちには，本人の宗教（信仰）をいったん括弧に入れて，対象者の心のニーズに即してケアすることが求められる。

その点では，特定の宗教に偏ることのない「スピリチュアリティ」を基盤とする「心のケア」の実践に特化した，ケアの専門家の養成も始まっている。その代表的なものが，2013年より日本スピリチュアルケア学会によって資格認定が開始された，「スピリチュアルケア師」の資格である。もっとも，心のケアの実践の場においては，先ほどとは逆に，特定の宗教的ケアが要請されることも起こる。また，何らかの信仰を持つことが，ケア提供者のスピリチュアリティを支えることも多い（実際，スピリチュアルケア師のうち，宗教者がおよそ2割を占める）。

これら2つの方向性が交差する場に生まれてきたのが，「臨床宗教師」であった。その理念においては，もっぱら信徒だけを対象にした教化や儀礼が中心となっている宗教者の活動（ホーム）を，広く不特定多数の苦しんでいる人びとにアウトリーチするもの（アウェイ）へと展開させようとする願いが反映されている。

東北大学で始まったプログラムは，その後，宗教系の大学に相次いで取り入れられ，2019年までに，東北大学をはじめ，龍谷大学，鶴見大学，高野山大学，武蔵野大学，種智院大学，愛知学院大学，大正大学，上智大学，日本スピリチュアルケアワーカー協会の10大学機関でプログラムが提供されている。また，2016年2月には，各プログラム間の連携による臨床宗教教育の拡充，さらにスピリチュアルケア師制度との連携による公共性の担保などを目指して，日本臨床宗教師会が設立された。日本臨床宗教師会は，翌年2月に一般社団法人化するとともに，同年3月には「認定臨床宗教師」の資格制度をスタートさせた。

それに合わせて東北大学のプログラムも，それまで宗教者限定だったものから，広く社会人を受け入れる履修証明プログラムに変更された。そのプログラムでは，講義とグループワークを主体とした臨床宗教教養講座を1年目に受講し，2年目には教養講座を修了した者のうち，審査を通った者が，臨床宗教実践講座を1年間受講する。その中には，医療福祉機関などでの120時間の実習が含まれている。この2年間のプログラムを終えれば，日本スピリチュアルケ

ア学会による審査を経て,「スピリチュアルケア師」の認定を受けるか,日本臨床宗教師会の認定による「臨床宗教師」となるか(宗教者のみ)で,いずれかの資格を得ることが可能となる。

　臨床宗教師の養成プログラムには,異なる信仰を有する宗教者たちが参加するので,他宗教の理解,ならびにお互いに協力し合える関係性の構築も,重要な課題とされている。ケアの本質は他者を他者として理解し合うところにあり,ケアの行為も相補的なものなので,相乗効果が期待されよう。また,今後日本において多文化社会化が進行すると予想されるが,他宗教の積極的理解と協働を重視する臨床宗教師のプログラムは,まさに多文化共生社会における宗教者の理想的なあり方のモデルを指示しているとも言えよう。

　もっとも,実際には臨床宗教師に残された課題も少なくない。TPOに応じて「宗教的ケア」と「スピリチュアルケア」を使い分けながら,さらに両方を深化させることができるような宗教者の実践的スキルの向上と,公共の場における活動の機会の拡充が,当面の課題であろう。たとえば,「臨床宗教師」の知名度がいまだに低いことから,実際に臨床宗教師が現場で活動しようとしても,「臨床宗教師」としてではなく「既存の宗教者」としてしか見られず,活動の機会が制限されてしまう場合が少なくないことが報告されている(森田2018)。逆に,公共の施設のルールに縛られ,宗教者としての本来の活動がしにくくなることも起こる。

　また,この資格が医師や弁護士のような業務独占型の資格ではなく,臨床心理士のような職業に直結した基礎資格でもないことから,その活動の意義を広く社会的に認知してもらうためには相当の工夫が必要であろうし,他職種の人びととの連携を軸に知識と経験のプラットフォームを形成していく地道な努力が求められよう(櫻井2018)。

　そもそもあえて資格を設けなくとも,宗教者の中には,「宗教的ケア」と「スピリチュアルケア」の両方を自在に提供してきた人たちも少なくない。そこに認定された(権威づけられた)資格を導入することによって,一方で資格のない宗教者によるケアが差別化されるのではないか,他方で「資格化」が臨床宗教師の「既成化」につながりかねないのではないか,という懸念も残る。

7. 宗教のケア的側面とケアの宗教的側面

「無縁社会」化が進行する現代社会の中で，「孤立無援」で苦しむ人びとの苦悩に寄り添う僧侶たちの活動が存在する。その活動を支えている理念は，仏教の「慈悲」（とりわけ「悲」）である。それは，英語にすればcompassion，すなわち「共苦」であって，「共苦のネットワーク＝慈悲のネットワーク」こそが，血縁や地縁といった共同体倫理を補完するものとして機能する（宮本2016）。そもそも宗教者は，救いを求める者が超越的な存在とつながる際の「媒介者」となるべき存在であるが，同時に，それは，当の宗教者と救われる者とがお互いに自己を開き合う関係にあって，初めて可能になるであろう。その意味で，宗教的救済とは，〈垂直的〉と〈水平的〉の2つの次元において〈あいだ〉を開く行為でもある（木岡2017：169-171）。そう考えれば，救済を指向するすべての宗教は，本質的にケアを生み出すポテンシャルを有しているし，また，それが現前化しなければ，真の「救済」も可能ではなかろう（宗教のケア的側面）。

他方，心のケアは，ケアの提供者と受容者の双方に，自己の変容（脱構築）と新しい発見（再構築）とを要請する。言い換えれば，「レンマ」的な自己と自己の〈あいだ〉にこそ，ケアが生成するということになる。その〈あいだ〉において超越的存在の働きが顕現しうるとすれば，ケアとはすぐれて宗教的な営みであると言わざるをえないのではないだろうか（ケアの宗教的側面）。

多くの犠牲者を生み出す大事故や自然災害は，「心のケア」を必要とする多数の人びとをも生み出す。その心の傷を治すのではなく，それを抱えたまま生けていけるようにするためには，厳しい現実と向き合い，辛い悲しみを受け入れる必要がある。宗教者は，その困難な作業に取り組む人たちに寄り添い，時には求めに応じて支えることで，その存在意義を示してきた（「葬式仏教」のその側面を見落としてはならないだろう）。その意味で，「無縁社会」論が蔓延していた2011年に起こった大災害は，宗教者の本来有しているポテンシャルについて改めて考えさせる機縁となった。「臨床宗教師」はその具体的な取り組みの1つである。その制度が抱えている課題は少なくないが，現代日本における宗教の可能性に一石を投じる役割は十分果たしているように思う。

【参考文献】

葛西賢太・板井正斉編著（2013）『ケアとしての宗教』〈叢書　宗教とソーシャル・キャピタル3〉明石書店

木岡伸夫（2014）『〈あいだ〉を開く——レンマの地平——』世界思想社

木岡伸夫（2017）『邂逅の論理——〈縁〉の結ぶ世界へ——』春秋社

北村敏泰（2013）『苦縁——東日本大震災　寄り添う宗教者たち——』徳間書店

窪寺俊之（2004）『スピリチュアルケア学序説』三輪書店

佐久間路子（2000）「多面的自己——関係性に注目して——」『お茶の水女子大学人文科学紀要』53

櫻井義秀（2018）「宗教にとっての臨床とは——『臨床宗教師』の資格化を考える——」『東北大学実践宗教学寄附講座ニュースレター』第13号

鈴木岩弓（2016）「「臨床宗教師」の誕生——公共空間における宗教者のあり方——」磯前順一・川村覚文編『他者論的転回——宗教と公共空間——』ナカニシヤ出版

谷山洋三（2016）『医療者と宗教者のためのスピリチュアルケア——臨床宗教師の視点から——』中外医学社

ドゥブレイ，シャーリー（2016）『シシリー・ソンダース——近代ホスピス運動の創始者——』（増補新装版）日本看護協会出版会

林香里（2011）『〈オンナ・コドモ〉のジャーナリズム——ケアの倫理とともに——』岩波書店

宮本要太郎（2016）「無縁社会における『共苦』(『共悲』)のネットワークについて」『関西大学人権問題研究室紀要』第71号

宮本要太郎（2018）「ケアとしての宗教」『小田淑子先生退職記念論文集』関西大学

メイヤロフ，ミルトン（1987）『ケアの本質——生きることの意味——』ゆみる出版

森田敦史（2018）「『臨床宗教師としての活動』の現状について」『東北大学実践宗教学寄附講座ニュースレター』第13号

渡邊太（2001）「『心のケア』の諸相——阪神淡路大震災被災地の宗教意識調査から——」『ソシオロジ』第45巻第3号

（本章は，科学研究費（研究課題番号16K02191および19K00094）による研究成果の一部である。なお，谷山洋三氏には，草稿を読んでいただき，貴重なコメントを頂戴しました。記して謝意を表します。）

第3章

公益法人を運営するということ
――〈脱中心化〉と〈再中心化〉に即して――

水野　友晴

> 本章では，都市共同体を維持運営するために「公益」の視点が不可欠であることを，具体例によって示す。筆者は大学の教壇に立つことと併せて，公益法人の運営にも日々携わっている。こうした経験に基づき，公益法人を運営することを題材にとって，そこから取り出すことができる，「〈縁〉を結ぶ」観点に繋がると思われる事柄について語ってみたい。

1. 新公益法人制度下における"広義"の公益と"狭義"の公益

　公益法人は，現状では，平成16年6月に交付され，平成18年12月に施行された「公益法人制度改革関連三法」に基づく新制度（いわゆる「新公益法人制度」）下で活動している。

　この制度にあっては，公益法人が展開する活動（いわゆる「公益目的事業」）については，「公益社団法人及び公益財団法人の認定等に関する法律」（平成26年6月13日公布，平成28年4月1日施行）の第2条第4号に，「学術，技芸，慈善その他の公益に関する別表各号に掲げる種類の事業であって，不特定かつ多数の者の利益の増進に寄与するもの」と定められている。そして，条文に登場する「別表」には，「学術及び科学技術の振興を目的とする事業」，「文化及び芸術の振興を目的とする事業」など，23項目が列挙されている。

　法人が行う具体的な事業が，同法第2条第4号に該当するものであるかどうかを判断する指針としては，平成20年4月（平成25年1月改定）に内閣府公益認定等委員会によって示された「公益認定等に関する運用について（公益認定等ガイドライン）」，その参考資料として提示された「公益目的事業のチェックポイ

ントについて」がある。現状の（そして後述するように"狭義"の）公益法人の「公益目的事業」は，内閣府および各都道府県に設置された「公益認定等委員会」によって，これら法規，ガイドライン，およびチェックポイントに基づいた審査が行われ，その答申に基づいて行政が認定を与えたものである。

　ただし，公益法人の中には，新公益法人制度が制定され，施行される以前に設立され，活動を続けてきたもの（いわゆる旧法人）も多く存在する。新公益法人制度以前において公益法人の設立・認可の根拠とされたのは旧民法第34条の規定であり，規定に基づいて実際に法人が設立される際には，その設立や運営の要件は主務官庁の裁量に委ねられていた。その結果，旧民法に基づく旧法人にあっては，公益性の基準や法人内機関の役割，財産管理の方法等が必ずしも一様ではないという状況を招いていた。こうした状況に対し，新公益法人制度は，制度下の法人全般に対して一律の基準を適用しようとしたわけである。

　これら旧法人が，新制度の制定・施行によって新制度下に入るに際しては，制度が要求する基準を満たすための改革が，各法人において，当然必要とされた。ただし新公益法人制度の施行は，旧法人を取り潰すためのものではもちろんなく，旧法人が新制度下でも引き続き活動できることが図られた。そのため旧法人が新制度下へと移行認可される際の審査にあっては，従来の事業活動について，事業遂行の形式を新制度が求める形にいかに適合させるか，という形式面の審査が主となり，内容面において，そもそも公益とは何か，その法人の事業が有してきた公益性にはどのようなものがあったか，といった特殊面の判断にまで審査が深入りすることは少なかった。「旧法人はそもそもが公益法人であり，その事業活動の公益性については旧主務官庁が十分に指導監督してきたところである」との建前も，そこにはあったと思われる。

　移行認可についての審査が形式面を主たる対象とするものであったことは，審査の結果，"移行法人"と呼ばれる，新公益法人制度下の「公益社団法人」や「公益財団法人」にはカテゴライズされない（したがって厳密な意味では，その実施事業を「公益目的事業」として行政に認定された法人ではない）旧法人由来の法人が，多数生まれたことからも確認できる。これら"移行法人"は，新制度が求める公益認定の形式を移行時に満たすことはできなかったため，「公益」の

称号を得ることはなかった。しかしながら、その事業活動は、そもそも旧民法下で公益活動として認められてきたものであるから、従来の事業活動を「継続事業」として、移行時に保有した財産を費消するだけの年月分継続しなければならないとされ、その履行について毎年行政に報告することが義務づけられた。

　つまり、現状では、行政によって認定された公益目的事業（狭義の公益目的事業）と、移行法人による継続事業という、複数の公益サービスが併存している。しかも、前者——狭義の公益目的事業——にあっては、その認定審査が形式面を中心に行われる関係上、モデルケースを踏襲しただけのものが多く登場しつつあり、多様化というよりは、むしろ一様化の方向性に進みつつある。この一様化の状況は、新たに事業を始める法人が、その事業に対して「公益」の看板を得ようとする際に便利である一方で、公益事業とは本来、行政がカバーしにくい領域に対して、各法人がその得意分野から、また、独立した法人としての小回りを利かせて、行政を補完するきめ細かでユニークなサービスを届ける役割を担ってきたものであるから、一様化によってこうしたユニークなサービスの可能性が狭められることが懸念される。その意味で、新公益法人制度下において、移行法人による継続事業という形で、従来からの公益サービスの維持が図られたことは、評価すべき事柄である。

　さらに、新公益法人制度下における公益サービスとしては、行政から認定を受けた公益目的事業、移行法人による継続事業の2者に加えて、新制度施行後に設立された一般社団法人・一般財団法人が、諸般の事情から「公益」の認定をあえて受けないで遂行するサービスをかぞえることができる。そこで、これらを総合したものを"広義"の公益事業と位置づけることができる。しかしそれは、新公益法人制度において「そもそも公益とは何か」という根本的な問題を提起するものでもある。

2.〈出会い〉の場としての公益サービス

　このように筆者は、新公益法人制度下における公益サービスは、"狭義"の公益目的事業だけでなく、"広義"の公益事業によって多層的に実施されてい

ると捉えている。多層的に提供されているこれら公益サービスの特性について，いま，設立者・行政・法人内の役職員・一般市民という，サービスの展開に不可欠と考えられる4者に注目し，彼ら4者の関係性を確認することを通じて，「公益とは何か」を考察してみることにしたい。

設立者は法人の目的を定め，法人の設立と存続のために出資（出捐）する。遺言による場合も含めて，法人には必ず設立者がある。また，法人がその目的や方向性を変更した場合などには，そこにおいて実質的に新たな設立者が現れ，交代が行われていると見ることができる。

ただし新公益法人制度下にあっては，設立者は何の制約もなしに気ままに振る舞うことができるわけではない。たとえば法人を設立する際には，定款を作成し，公証人の認証を受け，設立登記を行う必要がある。これらは，設立者が既に定款，また，定款に必要な記載事項等を定めた新公益法人制度の制約下にあることを示している。さらに法人には，社団法人の場合には2名以上の社員，財団法人の場合には3名以上の評議員が必要であり，設立者1人でもってこれを賄うことはできない。

こうしたことは，法人が設立されるにあたって，設立者が自分以外の者を含む公空間を開き，自らの意思や財をこの公空間に帰属させたと解釈することができる。設立者の意思や出資（出捐）は，公空間を開設し維持することに決定的に重要であるが，しかしこの空間を設立者の私的所有物となすわけではない。むしろ設立者は，こうした公空間を開くことによって，行政，法人内の役職員，一般市民といった他者との〈出会い〉を果たすことになる。筆者はこの点に注目したい。以下，〈出会い〉とはいかなることであるのかを，具体的に説明する。

行政と公益サービスとの間の関係性は，このような公空間の存在を考慮することで，把握が容易となる。もともと公益法人等による公益サービスの多くは，行政のいわば別働隊として，行政によるサービスを補強する役割を担ってきた。日本の行政は，現状では「小さな政府」を目指して，行政コストの削減に取り組んでいるが，それは行政によってこれまではカバーされていたサービスが縮小・打ち切りとなることも含んでおり，これによって空隙が生じた領域につい

ては，公益サービスによる代替が期待される。

　行政サービスの縮小・打ち切りに伴って生じるこうした空隙領域へのサービス展開を，「新たな市場」として捉えようとする向きも一部にある。ただ，多くの場合，それらは採算が合うことを見込み難い領域であり，したがってそこにおけるサービスの継続的供給には，利潤の追求とは異なった意義が見出される必要がある。たとえば，行政サービスの縮小に伴って，これまで行政によって他の施設と一律に管理運営されてきたある武道場が，武道を通じて知識や文化の振興を図ることを目的とする公益法人によって管理運営されることなどは，施設貸与の業務に加えて，この法人による武道の積極的普及の活動がそこから展開されてゆく可能性を考えることができる。また同時に，こうした活動によって，この法人および施設に注目が集まり，武道を愛好する市民や企業から，個々に特化した援助が集まることを期待することができる。このように公益サービスは，行政のような一律性からではなく，そこに関わる人々の特殊性を顧慮し，またそのことによって見出される長所や利点を有効活用することで，サービスの展開と維持を図ることができる。

　このことは，行政サービスと公益サービスとの間に非連続性が介在することを映し出している。公益サービスは，行政サービスの単純なる延長・置換なのではなく，サービスを，行政がしく一律的平面から，公益法人の設立者，法人の役職員，および一般市民らが共有する公空間へと移し替えた上で展開する。そのことによってサービスは，行政一者によって提供されるものという位置づけから，公益法人の設立者，行政，法人の役職員，一般市民らに共有され，皆によって維持されるものとして精錬し直される。

　公益サービスの展開と継続にあたっては，法人の役職員が果たす役割も無視することのできない重要な要素となる。法人のユニークな事業展開の成否は，それを実際に手がける役職員の技量いかんにかかっている。スペシャリストとしての彼らの活躍がなければ，事業の実施は不可能である。その一方で，いかに彼らが優秀なスペシャリストであっても，その展開する事業がそれを欲する市民に適切に届けられなければ，事業の継続は困難である。そうしたマッチングの側面において，法人の設立者，行政，また法人の役職員自身がリサーチを

怠りなく続けてゆくことは重要である。このこともやはり，公益サービスの実施空間が，法人の設立者，行政，法人の役職員，一般市民といった複数者に共有されることで開かれており，彼らによる相互関係性によってサービスが成り立っていることを反映している。

　さらに，公益サービスの展開と維持において，一般市民の存在は不可欠である。公益サービスは，そもそもが不特定かつ多数の者の利益の増進に寄与するためのものとして，市民一般を対象とするものであり，法人の設立者，行政，また法人の役職員などが，独善的に展開するものではない。あるサービスが，もしもサービスの対象となる市民を欠いていたり，一部市民のみに限られて提供されていたりしたら，それはもはや私物化もしくは共益化された，少数者に閉じられたサービスなのであり，「公益サービス」と呼ぶには値しない。また，一般市民を対象としたサービスであるにもかかわらず，実際には市民の参加が得られていないサービスは，市民とのマッチングに失敗しているのであり，サービスの継続的な提供は困難である。

　そして公益サービスは，その直接的な事業収益でもって事業継続のための収入を確保してゆくことは一般に困難であるから，サービスの継続的な提供に向けて，サービスを歓迎し必要とする市民たちと手を携えて，その存続策や将来像を模索してゆくことが有効である。公益サービスに参加する市民は，その意味で，サービスの享受者であると同時に，サポーターでもある。

　以上から明らかなように，この考察にあっては，公益サービスが位置する公空間は，法人の設立者・行政・法人の役職員・一般市民といった参加4者の共有によって開かれている。したがって，公益サービスにおいて，これら4者が適切に関与することは，いずれもサービスの円滑な実施と継続に不可欠であり，もしもこれら4者の適切な関与が，何らかの事情によって阻害されれば，それはサービス提供の危機のみならず，公空間の消滅にも直結する。そこでこれら4者は，自分以外の他3者の存在をおのずから視野に入れつつ，振る舞うことになる。

　この振る舞いは，4者が共有する公空間に自己を開いてゆくという意味で，風土学が目指す〈脱中心化〉の動性となり，また，公空間における位相から新

たに自己が定立されるという意味で，〈再中心化〉の動性となる（木岡2018：94）。この〈脱中心化〉から〈再中心化〉へと至る一連の運動は，1度きりの，また単独の運動として，閉じられるものではない。1つの〈脱中心化〉と〈再中心化〉は，また別の〈脱中心化〉と〈再中心化〉を喚起してゆく。〈脱中心化〉と〈再中心化〉の動性は，かくして公益サービスの公空間にあまねく行き渡ることになる。

さらに，この〈脱中心化〉と〈再中心化〉の運動は，公益サービスに関与することを通じて，法人の設立者・行政・法人の役職員・一般市民といった公益サービスへの参加者が，この公空間の動性をそれぞれに反映し，不断に自己創出を遂げてゆくこととしても捉えることができる。このことは，公益サービスに関与することが，事業者から市民への一方向的な利益提供にとどまるものではなく，彼ら参加者のいずれもが，自己創出を通じて，満足，援助，生き甲斐，教養，癒しなど，有形無形を問わず，何らかの「幸福」に与る可能性が開かれていることを表している。公益サービスの意義をこのような幸福の享受に見れば，公益サービスとは，サービスに関わる全方面に亘って幸福を潤沢に生産することを，その理想としていると見るべきである。こうした幸福は，参加者がそれぞれ単独に閉じられてあることによっては生産できず，公空間に彼らが出向き，相互に関係することによって，初めて生産が可能となる。その意味で，この公空間，また公益サービスは，参加者同士の〈出会い〉によって成立している，と見ることができる。

3．一燈園（財団法人「懺悔奉仕光泉林」）成立の経緯

現状における公益サービスは，（"狭義"の）公益法人による公益目的事業，移行法人による継続事業，さらに，一般社団法人・一般財団法人による公益未認定の事業活動によって多層的に展開されている。このことは，上に述べたように，公益サービスを〈出会い〉の場として捉え，そこにおいて法人の設立者・行政・法人の役職員・一般市民などの公益サービスへの参加者が，それぞれに〈脱中心化〉と〈再中心化〉を果たすことと，どのように関係するのだろうか。

これら多層的に展開される公益サービスの中で，筆者が特に興味をそそられるのは，("狭義"の)「公益」の認定は授けられないが，公益サービスとして，現状では直ちに消滅しては困ると行政が判断しているところの，「継続事業」という妥協的なサービスの存在である。

　妥協は創造的な営為の痕跡として，そこに働く創造性の姿をしばしば映し出す。そこで，「継続事業」の具体的一例として，新公益法人制度への移行に筆者も関係した，一燈園（一般財団法人「懺悔奉仕光泉林」）の場合を紹介することにしたい。

　一燈園は，1929（昭和4）年8月に，文化庁を主務官庁として発足した，90年近い歴史を有する古参の財団法人である。一燈園は，戦前から戦後にかけての日本において，宗教家・社会事業家として活躍し，参議院議員も務めた西田天香（1872-1968年）が創始した「一燈園生活」に由来する。天香の一燈園生活は，1904（明治37）年に，彼の故郷である長浜町（現滋賀県長浜市）で，天香の単独行として開始されたが，ほどなく理解者・支持者を全国に得，人の輪が拡がっていった。人々は，天香が行じるユニークな生活について，研究したり，また自ら実践したりした。このような人の集まりに呼称を与える必要性を感じた天香は，当時集まりにおいて回覧されていた，宗教哲学者・綱島梁川（1873-1907年）の論考「一燈録」に基づき，梁川の許可を得て，これに「一燈園」という名を与えた。天香の生活が「一燈園生活」と呼ばれるのは，このサークルが一燈園という呼称を得たことが反照されてのことである。

　天香の一燈園生活は，「無一物無所有」を信条としている。それは，私有財産はもとより，思想や身体さえも自身の所有ではないとする。すなわち，これらのものがいま自身の手元にあることは，所有としてではなく，「預かりもの」として捉えられるべきである，と天香は見る。そして，天香によれば，あらゆるものをこのように「預かりもの」として捉え直せば，それらを自分勝手に費消してよいとする考えに，人心は進まない。むしろそこからは，これら「預かりもの」が蔵する本来の価値をいかに毀損することなく，その発揮を手助けするかという探求と，そうした方向性にこれまで気づかず，いかに多くの「預かりもの」を自身が粗略に扱ってきてしまったことか，という反省とが生

じてくる。それで，天香の言う「懺悔奉仕」は，自身の手元に現れてきた諸事物・事象について，それらが有するそれ本来の価値を，いかに毀損せずに発揮させられるかという観点から，反省を人々が懐きつつ，疎かにしないでこれを取り扱おうとすることへと，方向転換することを指すことになる。さらに天香は，人心がこうした方向転換に向かうことを通じて，「一国の興廃」，「世界の真なる平和」もわれわれにもたらされることになると見る。

　天香のこうした思想信条に共感する人々は，あらゆるものを「預かりもの」と捉え直す生活の実践を試み，家庭，学校，職場といった環境の改革を模索していった。そうした中，天香の理解者の1人であったある素封家（富豪）から，京都市山科区の土地の提供があり，ここを実験空間として，あらゆるものを「預かりもの」と捉え直す生活の純粋実践の試みが，天香の指導のもと開始された。これが，財団法人「懺悔奉仕光泉林」である。

　このような事情から，財団法人懺悔奉仕光泉林は，発足当初，家庭，学校，職場のすべてをその内に抱えていた。その後，主務官庁から，学校の活動については学校法人を，また，職場の活動については会社組織を設立して，それぞれそちらで運営するようにという助言を受けた。それ以降，あらゆるものを「預かりもの」と捉え直す生活の実験は，財団法人，学校法人（1951年学校法人認可），事業部株式会社（1969年から，順次会社組織化）という三位一体の体制によって遂行されることとなった。

　新公益法人制度への移行が迫った時期の一燈園の姿は，以上のようなものである。実務者は，こうしたあり方をどのようにして制度が要求する形式に当てはめるか，という課題に対処することとなった。

4. 新公益法人制度への移行

　「財団法人懺悔奉仕光泉林」を新公益法人制度に移行させる作業において，中心的課題となったのは，「公益社団法人及び公益財団法人の認定等に関する法律」の「別表」掲載の23項目，「公益認定等ガイドライン」，さらに，「公益目的事業のチェックポイントについて」を踏まえ，この法人の広範な活動を網

羅的に整理することであった。そこには，「財団法人懺悔奉仕光泉林」を新公益法人制度下の公益財団法人とすること，移行時での認定が困難であるならば，将来の公益認定を見据えた設計とすること，最低でも法人税法等が定める「非営利性が徹底された法人」として認められるようにすること，といった方針も絡んでいた。そのためには，財団法人懺悔奉仕光泉林の事業内容が，内輪に閉じられた，「共益的」性格のものではなく，不特定かつ多数の者の利益の増進に寄与する，開かれたものであることを示す必要があった。

　そこで，「この法人の一切の活動は，この場所を実験空間としてあらゆるものを「預かりもの」と捉え直す生活の純粋実践の試みとして開始されたものである」という本旨に立ち返り，「ここに行けば，一燈園生活がわかる，体験できる」，すなわち，法人内で一燈園生活の調査研究および知識の収集保管が行われ，それが市民一般に公開される「動的な展示と研究を展開する博物館」という視点から，整理点検を行うこととした。

　かくして財団法人懺悔奉仕光泉林の敷地内で行われる家庭，教育，事業等のあらゆる活動は，市民生活一般としての活動であることにとどまらず，「一燈園生活を展示するオープン博物館の動的展示物」としての意味合いを有することが確認され，これら活動の履歴の整理と保管を財団の本部部局と資料館「香倉院」が担当し，また，機関誌『光』の発行とレファレンスサービスを資料館が受け持つこととした。さらに，毎月開催される「智徳研修会」という2泊3日の滞在型研修会は，市民が一燈園生活を実地体験するための学習機会の提供として位置づけた。そして，春と秋の年2回行われる「一燈園春の集い」，「一燈園秋の集い」は，市民一般が一燈園生活について学習することができる公開講演会とした。

　学校法人燈影学園や事業部株式会社と財団法人懺悔奉仕光泉林との関係については，独立した法人同士の対等な関係として整理した。その上で，彼らは燈園生活のよき理解者であり，自らが行う教育活動や企業活動に一燈園生活を応用するため，智徳研修会や一燈園春の集い，秋の集い等に積極的に参加し，財団法人懺悔奉仕光泉林の活動を，有形無形を問わず，さまざまな面から支え，また，彼らが一燈園生活を応用した教育や企業活動を実践することで，一燈園

生活のさらなる具体例が示され，財団法人懺悔奉仕光泉林の活動が補強されているとした。こうした位置づけは，財団法人懺悔奉仕光泉林が，学校法人燈影学園や事業部株式会社に，財団法人敷地内の土地を，安く，しかし特別の利益を与えることなく，貸与していることの理由の1つになった。

　かくして財団法人懺悔奉仕光泉林は，法人内で一燈園生活の調査研究および知識の収集保管が行われ，それが市民一般に公開される，という博物館的性格からその事業内容を取りまとめ，それに付随する法人内改革を施した上で，新公益法人制度への移行を行政に申請した。公益認定等委員会による審査は3度に亘り，また，移行時の公益認定は叶わず一般財団法人への移行となり，移行後に諸条件を整えた上で再度公益認定を目指すこととなったが，2013（平成25）年4月1日に移行登記を果たし，新公益法人制度下の「移行法人」として存続することを得た。移行時の保有財産額から，継続事業の実施期間は42年と算出された。このようにして，移行法人としての一般財団法人懺悔奉仕光泉林は，法人内で一燈園生活の実地的な調査研究および知識の収集保管を行い，それを市民一般に公開するという活動を，移行時から少なくとも42年間実施するという内容で，新制度下における広義の公益サービスの一翼を担うこととなった。

5. 公益法人を運営することの意義

　以上のとおり，一燈園（一般財団法人懺悔奉仕光泉林）は，新公益法人制度下の移行作業を通じて，「法人内で一燈園生活の調査研究および知識の収集保管が行われ，それが市民一般に公開される」という，博物館的な事業を展開することとなった。公益サービスを〈出会い〉の場を開くことと見る本章において，この変化をどのように評価することができるのだろうか。

　旧法人時代の財団法人懺悔奉仕光泉林は，その活動がこのような博物館的意義を蔵していることについての自覚に乏しかった。しかし，新公益法人制度への移行を迫られたことが機縁となって，この法人は制度をいわば鏡として自身の姿を捉え直し，自身の活動の特性について自覚していった。こうした過程は，〈脱中心化〉と呼ぶにふさわしい。

一方，継続事業の内容を取りまとめるにあたって，この法人は，「この法人の一切の活動は，この場所を実験空間としてあらゆるものを「預かりもの」と捉え直す生活の純粋実践の試みとして開始されたものである」という法人の原点に立ち戻り，これを出発点として継続事業の内容を整備していった。ここには，〈再中心化〉の側面が認められる。このように見れば，公益サービスにおける〈出会い〉，それを通じて引き起こされる〈脱中心化〉および〈再中心化〉は，法人が遂行するサービス内に限られた出来事ではなく，法人自身も法人を運営することを通じて経験するものであると見ることができる。

　さらに，法人に加えて，新公益法人制度自体も，それが施行され，実際の運用が開始されるや，〈脱中心化〉と〈再中心化〉に導かれるような事態が繰り返し発生している。

　たとえば，新公益法人制度では，遊休財産の保有制限や，公益目的事業のために受け入れた財産の公益目的事業以外への使用の禁止，また「法人内のある理事とその理事の配偶者または3親等内の親族は理事の総数の3分の1を超えて選任されてはならない」とする同一親族の規制条項など，公益性を確保するためのさまざまな仕組みが設けられている。それらが適用されるのは（"狭義"の）公益法人に対してであり，何らかの理由から「公益」の認定申請をあえてせずに活動している一般社団法人・一般財団法人に対しては，こうした仕組みの適用がなされない。こうした仕組みが適用されないからといって，これら一般社団法人・一般財団法人が，公益性を眼中に入れることなく活動してよいということにはならないはずである（最近では，特にスポーツ等の分野における一般社団法人・一般財団法人の不祥事が後を絶たず，世の一般社団法人・一般財団法人全般に対する信頼の低下を招いているのは遺憾である）。しかしこのことによって，（"狭義"の）公益法人は信頼性が高く，一般社団法人・一般財団法人は信頼性が低い，といった2極的理解に凹地が進んでしまうことは，「民による公益の増進」という制度の本来の趣旨からして，本末転倒であろう。こうした点については，制度の趣旨を十分に汲み取った上で，制度下のすべての法人に公益性の確保を求めるような，新たな仕組みが検討されるべきである。そうした検討の過程についても，われわれはやはりこれを〈出会い〉に始まる〈脱中心化〉，

〈再中心化〉のプロセスとして見ることができる。

　このように見れば，新公益法人制度自体も含めて，その制度下で活動する法人，それら法人が遂行する活動，さらにそれへの参加者，こうした主体がすべて，その運用・活動を通じて，〈出会い〉，〈脱中心化〉，〈再中心化〉の動性に均しく浴していることがわかる。彼らは，単なる理論空間上に設定された一機関としてあるのではない。また，法人の設立者・行政・法人の役職員・一般市民といった特定の集団の権利のみを追求しているのでもない。むしろ彼らは，その公益サービスを通じて，すべてを包摂し得る公空間を開かんとして実社会と交わり，その交わりを通じて，日々新たなるわれわれの日常から生き生きとしたフィードバックを得て，活動しようとするのである。したがって公益法人を運営し，公益サービスを実社会へと送り届けてゆく活動の意義は，最終的には，その活動に関係するあらゆる人々が，活動を通じて有形無形のさまざまな幸福の生産に与り，それによってわれわれの日常にさまざまな幸福が提供されてゆくよう，公益サービスによって個別に開かれるところの公の交流空間を守り，その維持発展に務めることに求められるだろう。

　新公益法人への移行によって，一燈園が迫られることになった変遷の経緯を辿ってきた。その中で，「公益とは何か」という問いに対して，当該の機関に関係するすべての主体に〈出会い〉の場を開くこと，〈脱中心化〉と〈再中心化〉をもたらすことである，という答えを確認した。公益法人を運営するとは，まさしくそのような創造的な更新を続けてゆくことだというのが，本章の結論である。

【参考文献】
木岡伸夫（2018）『〈出会い〉の風土学――対話へのいざない――』幻冬舎新書
白塚健之・堂本道信・山西克幸（2008）『図解　新公益法人の設立・運営・移行のしかた』日本実業出版社
内閣府（2016）「公益法人制度改革の進捗と成果について――旧制度からの移行期間を終えて――」https://www.koeki-info.go.jp/pictis_portal/other/pdf/

sintyoku_seika.pdf
内閣府公益認定等委員会事務局（2008）「民による公益の増進を目指して」https://www.koeki-info.go.jp/regulation/index.html
内閣府公益認定等委員会事務局（2016）「民間が支える社会を目指して──「民による公益──」を担う公益法人」https://www.koeki-info.go.jp/pictis_portal/other/pdf/20161116_NewPanflet.pdf
西田天香（1967）『懺悔の生活』春秋社
宮田昌明（2008）『西田天香──この心この身このくらし──』ミネルヴァ書房

第4章

〈縁〉の倫理

木岡　伸夫

　大災害や凶悪事件が起こるたびに，人々が強調する「絆」や「つながり」の大切さ。その視線の先に浮かび上がるのは，人と人を分断し孤立させる近代社会の欲望が見失わせた，〈縁〉の存在である。人と人の〈あいだ〉を開く〈縁結び〉は，いかにして生まれるのか。都市の風土学のカギを握る〈縁〉の倫理とは，どのような考えだろうか。

1. 〈縁〉の理念

風土と〈縁〉

　風土と〈縁〉には，どういう関係があるのだろうか。「気候風土」という成句が物語るように，「風土」からは，地形・地質・気候・気象・動植物といった自然地理学的な諸条件が連想される。一般的な用法では，そうした自然的条件の影響下に展開する文化的領域を，「風土」と呼び習わしている。しかし，「都市の風土学」を追究する本書では，従来の用法とは一線を画し，「人間環境」の意味で，「風土」の語を使用する。それは，「風土」が本書のめざす〈縁〉や〈出会い〉の生まれる世界である，という考えにもとづく。

　「社会の空間と自然に対する関係」(ベルク1992：210) と定義される「風土」が，〈人と人〉〈人と自然〉という二とおりの関係性，〈あいだ〉を含むことは，明らかである。「社会」が個人を最小単位として織り成される集合体である以

---

1) 筆者は〈あいだ〉を，二者に成り立つ，別々でもなく一体でもない，という二重否定的な関係 (不一不異) と理解する (後出「個と全体の〈あいだ〉」を参照)。ここでは略さざるをえない，〈あいだ〉についての立ち入った説明については，木岡 (2014) を参照していただきたい。

上，そこには多種多様な人間関係が含まれる。血縁・地縁で結ばれる共同体（ゲマインシャフト），会社・結社のように契約にもとづく組織（ゲゼルシャフト），それらの含む人間関係を〈縁〉と呼ぶなら，社会の実質は〈縁〉であるということになる。しかし，もしも〈縁の倫理〉が，人間関係を大切にせよ，という程度の主張であるなら，そこに何ほどの意味があるだろうか。

「地縁」「血縁」ならともかく，木に竹を接いだような「社縁」といった言葉を，昨今しばしば目にする。真意のほどは不明ながら，〈縁〉に単なる「関係」とは違ったニュアンスを込めていることの証拠かとも受けとれる。〈縁〉は，単なる人間関係ではない。それは，仏教の縁起思想に由来し，日本社会に深く根づいた倫理的概念である。そのことを示したうえで，「都市の風土学」にとって〈縁の倫理〉が不可欠である理由を明らかにしたい。

〈縁〉とは何か

〈縁〉とは，「甲に縁って乙が生じる」という場合の甲のように，乙という結果を生じさせる原因である。よく言われる「因縁」は，「因」と「縁」から成る。「結果を引き起こすための直接的・内的原因を〈因〉というのに対し，これを外から補助する間接的原因を〈縁〉という」（中村他1989：94）。〈縁〉が用いられる背後には，あらゆる事柄がたがいに結びついてある，とする仏教の縁起観が潜んでいる。「彼あれば此れあり」「此れあれば彼あり」が表すように，二つの関係項（支）は，一を他から切り離して単独で扱うことができないような仕方で，たがいに結びついている。そのような関係性を森羅万象に敷衍して，事物がそれ自体としての本質（自性）をもつことなく，たがいに依存しつつ関係し合う（相依相待）というのが，〈縁〉という語の底にある縁起観である。

生老病死の「四苦」から解脱するには，「縁起」の本質に思いを潜めることが条件となる。しかし，ここでは〈縁〉の宗教的含意に立ち入ることは避け，風土の存立に〈縁〉がいかなる意義をもつかに焦点を合わせる。〈縁〉を〈人と人のあいだ〉に限定して考え，それが都市を人間環境として存立させる必須の条件であることを論じたい。

〈縁〉が人間関係を表すことに間違いはない。しかし，〈縁〉は単なる人間関

係ではなく,「縁を結ぶ」「縁を切る」といった言葉づかいが物語るとおり,それを意志する主体が厳に存在する。この点に関して,仏教学者三枝充悳は,次のように明言している。

> 仏教においては,ほとんどの場面において,関係性をいい,縁を説くが,その際,つねに自己ないし自己の現実を一方の支とし,それに対する他支との縁－関係を考え,論ずる。(三枝2000:102)

つまり「縁－関係」において,〈私〉が当事者として〈汝〉との関係に立つことが,意識されている。その意味で,〈縁〉は客観的な関係性ではなく,当事者的な関係を意味する。言い換えれば,〈縁〉とは主体化された関係であり,そういう関係として倫理的な判断を含むということが明らかである。

ここで「倫理的」というのは,どういうことだろうか。相手との縁を「結ぶ」もしくは「切る」主体自身に,そのことについての責任が生じるということである。〈私〉が〈汝〉と「縁を結ぶ」とき,その行為を選んだ〈私〉は,〈汝〉からの呼びかけに応えなければならない――「責任」(responsibility)とは,その意味において,まさしく「応答能力」である。

〈縁〉の二面性

「血縁」の例として,親と子を考える。親と子には,生殖質による血のつながりがある。しかし,親子の〈縁〉は,そうした生物学的事実ではなく,それを基盤として生じる人間的関係性を表す。「親子の縁を切る」といった表現が,しばしば用いられるのは,先天的な生物学的関係を抹消することはできないが,それにもとづいて生じた人間的関係を断ち切る行為が可能である,という認識を表している。血のつながらない「夫婦の契り」を考えると,その結合には,論理的な必然性ではなく,「情理的」な必然性がある(山内1974:223)。〈縁〉の意味する関係性は,このように主体的・情理的である。この性格ゆえに,本来切ることができないとされてきた親子の〈縁〉を,断ち切るという意志的選択が為されうる。その結果を,今日の「無縁社会」(第2章を参照)に顕著に見てと

ることができる。

〈縁〉の意味する人間関係には、①選ぶことのできない必然、②意志による自由な選択、という、たがいに相反する二つの要素が含まれる。単純化するなら、「地縁」に束縛された前近代の社会には、①のみがあって②はない。近代の都市共同体については、②が強調される反面、①のような被拘束的な面は重視されない。というより、①を払拭することが「近代」の証である、とする体の近代肯定論が幅を利かせてきた。近代的な「契約社会」に至るや、②のみがあって①は存在しない。これらのあり方に対して、①②のいずれかのみではなく、両方が含まれるというのが、〈縁〉の結ばれる世界である。

近代か前近代かの選択はさておき、ここで風土の人間関係を〈縁〉に見立てようとするのは、それなりの理由からである。そこには、〈縁の倫理〉がかかわっている。三枝の指摘によれば、〈縁〉において、関係する二者の一方に自己が位置する。〈縁〉の意味する関係は、「自己との関係」である。すべての事柄が相互依存的に関係し合う、という縁起の思想からすると、〈縁〉の成立は、この世界に生じるあらゆる出来事に自分がかかわっている、という自覚をもたらすことになる。たまたま、いまここに生じた〈汝〉と〈私〉の縁は、宇宙の森羅万象につながっている――これは途方もない話ではないだろうか。この点に関して、三枝は、主体化される関係を、行為の問題として把えている。

> 行為が自己のものであれば、行為のあとの結果は自己と最も深い関係を有する。このような行為－結果－行為の一連のつながりが、すなわち業にほかならない。(同：112)

それが罪であるとの意識を伴いながら、繰り返される行為に対して、しばしば用いられる「業」(karman)の一語。上の一文は、それと同時に、あらゆる出来事が解きがたく絡み合った世界の現実に、おのれが否応なく巻き込まれてある、という事実認識を避けがたいものとする。この世に起こるどのような些事であれ、自分と無関係ではないのだという認識。それはまさしく、〈行為－結果－行為〉の連鎖の一齣を自身が形づくっている、という「業」の自覚である。

そこに，通常の一対一で自他が向かい合う局面とは違った形で，「責任」が発生する。

〈縁〉における責任

前述したとおり，「責任」(responsibility)は「応答能力」を意味する。学校の倫理学は，他者との対面的状況において，相手からの呼びかけにいかに応じるかという形で，責任が発生することを教える。その意味で，責任は基本的に一対一の人間関係を前提する。これに対して〈縁〉は，自己とあらゆる他者とのあいだに拡がる，原理上無制限的な関係性である。そのような関係の中で成立する責任とは，いかなるものだろうか。そもそも，そうした一対一の場面とは異なる非対面的な状況において，自己の負うべき責任を規定することができるのだろうか。ふつうの意味での責任が，目の前にいる相手に対する「応答」であるとするなら，〈縁〉による責任は，どこの誰に対する応答なのだろうか。この疑問に対して，筆者は，〈縁〉ならではの責任の形があると考える。それは，当然ながら，従来の倫理学が扱ったことのない，新しい意味での責任である。それは，いかなる責任だろうか。

「ご縁」が死語でない日本社会では，たとえ赤の他人であっても，そこにいる相手との「ご縁」が感じられたその瞬間，相手に対する責任が意識される。そのとき，〈縁を結ぶ〉ことと〈責任を負う〉ことは，同時であり，同義である。たとえば，目の前にうずくまっている老人がいた場合に，「どうしましたか」と声をかけ，その人に手を差し伸べる。むろんこれだけのことなら，隣人に対する常識的マナーであって，〈縁〉に固有な責任，などと言うには当たらない。だが，目前の一人に〈縁〉を感じることは，その相手を超えて，背後に潜む無数の他者，いわば社会〈全体〉にかかわることだ，というのが，個人対個人の倫理から区別される〈縁の倫理〉である。というのも，従来の社会倫理には，目前の他者に対すると同時に，それを超えた〈全体〉（無数の他者）に対する責任が発生する，という考えはなかったからである。もし，そのような責任に適

---

2) よく知られた『全体性と無限』（レヴィナス2005）において，閉じた有限な「全体性」の外部である「無限」に位置する「他者」の存在が強調される。その文脈では，「全体」と「無限責任」

当な呼称をあてがうとすれば，それは「無限責任」ということになろう（木岡 2018：168）。

　責任は，それが果たせない場合には，「無責任」として咎められる。その点からすれば，無数の人々へと広がる「無限責任」は，ふつうに考えられる応答能力の限界を超えることが明らかであるから，「無責任」のそしりを受けかねない。たしかにこの場合，〈要求－応答〉の形式に当てはまるような責任の遂行は，不可能と言わざるをえない。しかし，一対一の対面状況で問われる責任が，当事者間で閉じられているのに対し，〈縁〉にかかわる責任は，自己を取り巻く不特定多数の相手に向けて開かれている。そうした意味での責任は，先ほどの例がそうであるように，直接には，いまここにいる相手との応接に限られるとしても，間接的には，背後の他者〈全体〉との〈あいだ〉に成り立つ倫理的関係である。

　私は，さしあたり目の前にいる身体の不自由な老人に声をかけることで，一定の責任を果たす。だがその行為は，ただ一人の他者との〈あいだ〉ではなく，その相手を超えた無数の他者との〈あいだ〉を開く行為である，ということが〈縁の倫理〉の主張である。「応答能力」（責任）を，現前しない無数の他者との〈あいだ〉を開くことの可能性と把えるなら，〈縁〉の自覚は，自身が身を置く世界全体への応答にほかならない。そしてそれこそが，「都市の風土学」を支える倫理の柱石であるということを，以下で示すことにしたい。

2.〈縁〉をいかに結ぶか

個と全体の〈あいだ〉

　都市共同体を構成する条件は，さまざまな主体および主体相互に開かれた〈あいだ〉である。かつて「孤独な群衆」（リースマン）と称されたような，アトム的個人の集合態として特徴づけられる都市社会。そこに問題があるとすれば，

とは両立しない。これに対して〈縁の倫理〉は，他者を外部にとどめることなく，内部化する所作（縁結び）に注目し，その行為によって生じる「全体への責任」を重視する。この場合の「全体」は，言ってみれば〈有限と無限のあいだ〉を意味する。

それは何か。人と人の〈あいだ〉が閉ざされていることである。都市共同体を構成する個人は，独立した人格として，他の個人から切り離される。近代に至り，共同体は構成要素である〈個〉に還元され，意志主体である〈個〉の態度決定によって社会が成立する，という考え方が有力となる。それは言うまでもなく，人々が最初から〈全体〉に埋没して〈個〉の自由をもたない，近代以前の社会からの跳躍である。個人主義的自由主義は，共同体の歴史に大きな画期をもたらした。この事実は疑うべくもない。

　その点を認めたうえで，言わなくてはならないことがある。すなわち，共同体である社会は，単なる〈個〉でもなければ〈全体〉でもない，その中間——「人間」——によって形づくられる，という事実である。「人間」は，単なる個人ではなく，「人の間」であり，「間」が表すさまざまな「間柄」を生きる存在であるということが，和辻哲郎（2007）によって主張された。とはいえ，筆者の考える〈あいだ〉は，和辻のひそみに倣いつつも，「間柄」に置き換えることのできない意味をもつ。

　〈あいだ〉と「間柄」の違いは何か。和辻の用いる「間柄」は，封建社会の「五倫五常」がそうであるように，個人よりも前に存在して，個のふるまいを規制する枠組である。「五倫」の一例として，君臣の道を挙げるなら，家臣はおのれの仕える主君に対して，守るべき矩（のり）を超えることが許されない。家臣の家に生まれたかぎり，あらかじめ設定された間柄をうちやぶることはもとより，それを改変する自由も存在しない。そうした「間柄」の倫理は，個の自由を認めない超越的規範の性格をもつ。なぜ，そうなのか。〈全体〉が維持されるためには，先在する「間柄」の秩序を変えてはならないという掟が，社会の全員に承認されていたからである。

　これに対して，〈縁〉と一体をなす〈あいだ〉は，可変的な関係性を意味する。「縁を切る」「縁を結ぶ」の用例が物語るように，〈縁〉はそれにかかわる当事者に対して，無条件ではないまでも，一定の自由を容認する。たとえば，「親子の縁を切る」場合のように，本来あるまじき関係の途絶が，場合によっては認められる。断っておくが，〈縁〉が活かされるのは，基本的に間柄の存在を認める社会である。そこには，家族が「夫婦」や「兄弟」の倫理的関係を前提

するように，メンバーに一定の役割遂行が期待される多様な間柄が現存する。とはいえ，そこでの間柄は，個の自由を認めない先験的で超越的な原理，といった性格を有しない。間柄がそれとして機能しつつ，そこに属する主体の自由によって関係性が変化しうるところに，〈縁〉の〈縁〉たるゆえんがある。

たとえば，夫婦の間柄。封建社会の決まりごとであった「夫唱婦随」は，今日見る影もない。夫婦双方がいかなる形の〈縁〉を結ぶかは，各々の自発性と相互の調整に委ねられる。夫婦の踏むべきとされるルール——同じ家に住む，子をつくる等々——にしても，先例に囚われない自由があることを，今日の人々は疑わない。間柄の規制力と個の自由を両立させるのが，〈縁の倫理〉である。ここで，〈縁〉の本質に立ち返って考えてみよう。

太郎と花子には，独立の人格としてのかけがえのない個性がある。二人が，それぞれの意志とたがいの合意によって夫婦になる，というのが個人主義の倫理である。これとは対照的に，太郎も花子も，単独の本性（自性）を有する個ではなく，他との関係を待って，すなわち〈縁〉によって，はじめて個性を示すというのが，大乗仏教の縁起観である。二つの考え方は，関係以前に個という実体が存在すると考えるか，関係を離れた本質（自性）はないと考えるか，の違いである。こうした違いを，「個人主義」の倫理学と「間柄」の倫理学，という区別によって際立たせることもできよう（木岡2017：142）。

ここで，二つの倫理学を比較して，たがいの優劣を論じるつもりはない。ただし，〈縁の倫理〉の立場は，前者にない後者の視点を取り入れることによって，〈個〉に対する責任と〈全体〉に対する責任を，二つながら引き受けることのできる立場をうちだすところにある。それはなぜか。個人中心でも全体中心でもなく，その中間（あいだ）に立つことを求められる状況が，現実に存在するからである。

従来の社会倫理が，〈個〉を中心に考えるか，全体中心の立場を取るか，の二者択一に帰着するのは，個でもなく全体でもない中間を考える論理を有しないためである。社会的存在である人間は，単なる〈個〉でもなければ〈全体〉でもない，その中間的存在である。このことは，〈縁〉〈縁起〉の考えと深くかかわっている。なぜなら，〈縁〉は，自他が一体でもなく別々でもない，「不一不

異」の関係でしかありえない事実を意味するからである。社会組織が現実に機能するのは，形式論理では矛盾する「不一不異」の関係性によってである。宗教を例に挙げて，このことを説明しよう。

宗教の場合

現代世界には数多の宗教団体があり，それぞれに信者が所属している。各宗教は，たがいに異なる神を戴きつつ，他の教団と対立・競合し，もしくはたがいの存在を認め合うことによって，共存している。とはいえ，「たがいの存在を認め合う」ことは，必ずしも当事者たちの本意ではない。というのは，当の教団にとっては，自分たちの仰ぐ神こそが唯一絶対の存在であって，他教団の信ずる神は真の神ではない，として認めないのが通例だからである。自分たちの信ずる神こそ，唯一の正しい神であって，他の神はニセモノであるということを，各教団が公言している。そういう信念に賛同する者が集まることによって，組織が一体となり，内部の結束が強まる以上，それは当然のことと言わなければならない。

各宗派・教団が，自分たちの正しさを信じるということは，同様に自己の正しさを信ずる他の宗派・教団との軋轢を生じるということである。その結果，自他の関係が不倶戴天となり，宗教戦争に至るような場合も，まれではない。だが，たがいの存亡をかけた，のるかそるかの闘いとなれば，いずれの側も甚大なダメージをこうむらずにはすまない。そのことを知るがゆえに，どの宗教団体も最終戦争にうってでることを控え，表向きは「平和共存」を維持する，というのが現実である。にもかかわらず，キリスト教社会に敵対するイスラーム勢力のように，相手を許さないという本音が，テロ事件のごとき生々しい形で噴出するケースも，今日しばしば生じている。〈縁〉や〈出会い〉の理念が活かされねばならないのは，このような場面においてである。

前に挙げた「不一不異」の考えが，同じ信仰を共有する信者間に成り立つことは，見やすい道理である。あなたと私は，容姿も性格も異なるけれども，同じ神を信ずるという点において，たがいに似ている。〈似ない〉とともに〈似る〉，という両義性がここに成立する。信仰共同体Aにおいて，信者a，b，c，

図1　信仰共同体の構造

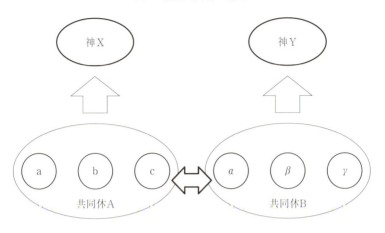

……は，それぞれの人間性の違いを認め合いつつ，同じ神Xを信ずる仲間としての一体性を疑わない。他の信仰共同体Bにおいても，同様に信者 α, β, γ, ……は，彼らに共通の神Yを信じ，同じ信仰を有する者同士の絆を結んでいる。ここには，二重の〈あいだ〉，信者同士の〈水平のあいだ〉および神と人間に開かれた〈垂直のあいだ〉，が存在する（木岡2017：「第九章　縁の結ぶ世界へ」）。

さて，一つの信仰共同体において，地上的な人間同士の横の紐帯（ちゅうたい），および神と人間という異なる水準を結ぶ縦のつながり，という二重の〈あいだ〉が開かれている。この〈信の構造〉は，すべての信仰共同体に共通すると考えられる。問題は，信仰共同体AとBの〈あいだ〉，異なる神を戴く社会同士の関係にある。AとBは，同型の社会組織であるにもかかわらず，むしろそうであるがゆえに，双方の〈あいだ〉が閉ざされている，というのが現状である（図1参照）。

〈縁の倫理〉がなぜ必要か

この問題を解決しようとするのが，〈縁の倫理〉である。先回りして結論を述べるなら，〈縁〉が生きられるかぎり，信仰共同体AとBの〈あいだ〉もまた，

閉ざされることなく開かれる。なぜなら，異なる共同体の〈あいだ〉が開かれることを可能にするものこそ，〈縁〉にほかならないからである。日常用いられる「ご縁」の語は，それまで一面識もなかった相手と自分の絆が，あたかもずっと前から予定されていたかのごとく――俗に言う「見えない赤い糸」によって――結ばれている，との信念を表す。〈縁〉は前述のごとく，それを結ぶことも結ばないこともありうる，選択可能性を意味する。「縁談」が典型例であるように，「ご縁があって」結ばれたとの述懐は，単なる事実確認などではなく，相手との関係を，それが自らの運命であるとの思いとともに，進んで受け容れようとする主体の意志表明と解さなくてはならない。

いついかなる場合に，「ご縁」が生じるのか。この点について，各々の経験を超越的に首導するようなガイドラインがあるわけではない。すべては，この語を用いるわれわれ自身の心組みにかかっている。〈縁〉とは，世界のあらゆる事象に自己が関係することであり，その関係に加担する行為が，「業」である。このことを，すでに確認した。そうである以上，私にとって目の前にいる他者との関係を引き受けるか否かは，何者からも命令されることなく，ただおのれの胸三寸で決まる問題である。手に負えない敵に向かって，闘い続けることも，歩み寄ることも，等しく自由である。道に倒れた病者に手を差し伸べることも，黙って見過ごすことも，等しく自由である。いずれを選ぶかによって，相手と自分との〈縁〉が定まるのであり，その決断に至ったのは，まさしく己が「業」である。

この観点から，異なる信仰共同体AとBの〈あいだ〉を考えてみよう。Aに属するaとBに属する*a*は，異なる神―― aはX，*a*はY ――を信仰する。神Xを信ずるaにとって，*a*は自分とは異なる神Yを信仰する異教徒である。このことは，aが*a*との〈縁〉を結ばないことの十分な理由になるだろうか。場合によって，なるとも言えるし，ならないとも言える。当の信仰共同体が，唯一絶対の神を奉じる一神教である場合，異教徒は〈敵〉とみなされる可能性がある。その社会において，ふつう〈縁〉のごとき理念は存在しない。〈縁〉の思想は，それとは対照的に，多神教的世界に固有の理念である。〈縁〉が日常的である世界，仏教的精神圏において，相手のもつ信仰如何を問わず，「ご

縁」は結ばれうる。そこにおいて，自分が仏教徒であること，相手がキリスト教徒であることは，縁結びの妨げにはならないというのが，「ご縁」を信じる人々の生き方である。

　ここから視圏を拡げ，世界全体を見渡して考えてみたい。

間風土的世界へ

　今日の世界には，上述のごとき信仰共同体をはじめ，一定の理念や成約のもとに人々が集う多種多様な社会が，ひしめき合って存在する。筆者はかつて，さまざまな〈あいだ〉から成る風土の基本単位として，「社会空間」を提示した。さまざまなスケールの社会空間が，複合してつくり上げる最大の社会空間が「国家」である，とする考えを旧著（木岡2011）において表明した。本書においても，引き続き国家を「風土」と把える立場を取る。誰の目にも明らかな宗教的対立と並び，ときにそれと重なる形での対立抗争が，民族間・国家間には引きも切らない。この問題が，現代世界の中心テーマであることについて，おそらく異論は出ないだろう。〈縁の倫理〉は，はたしてこのテーマに適用できるだろうか。

　まず国家は，いかなる意味で「風土」であると考えられるのか。国家は，それに属する個々人が開く〈人と人のあいだ〉〈人と自然のあいだ〉の集積である。人々は，国家よりも小さな共同体——親密な雰囲気に包まれた「物語空間」（典型は家族）や，それが複合した「社会空間」（たとえば地域共同体）——に所属して，種々の〈あいだ〉を開くと同時に，それらすべての〈あいだ〉を包摂する国家の権力に従っている。ほとんどの人は，家族や地域社会，学校や会社，さらには宗教団体や同好のグループ等々に多元的に帰属し，そのことによって生じる種々の社会的規制に，おおむね従い，またときに逆らいつつ，同時に国家の一員として生きている。各種の部分集団＝小社会は，すべて〈あいだ〉によって存立するという意味において，「風土」である。

　そうして，さまざまな〈あいだ〉に関係する主体が，その権力に従うことを受け容れる最大の風土が，国家である。国家を超える水準の風土は，存在しない。なぜなら，〈人と人のあいだ〉として規定される風土が，一定の〈閉じた全

体〉を意味する以上，そのような全体を超越する境域――「人類社会」と称される――が仮に考えられるとしても，それは風土ではありえないからである。対立し合う国家同士の〈あいだ〉が，語の本来の意味で「開かれた」と言えるような世界は，まだ実現していない。問題は，風土の最大値である国家と国家の〈あいだ〉を，いかにして開くかにある。筆者はそのことの可能性を，「間風土的世界」を意味する「普遍空間」という言葉で考えようとした。

普遍空間　社会空間が，たがいに差異として並び立つ「差異の空間」。〈間風土的世界〉の別名。（同：351）

ここに定義したとおり，社会空間である国家が，「たがいに差異として並び立つ」世界，それが「普遍空間」である。しかし，大半の国家は，他の国家との力関係の中で，他を支配するか他に従属するか，の二者択一を余儀なくされており，「差異として並び立つ」にはほど遠い，というのが世界の現実である。上の定義は，その事実を念頭に置いて為されたものである。すなわち，「普遍空間」は現実に存在する空間ではなく，どこまでも理念的に設定された目標にとどまる。

その点をふまえて続けるなら，「普遍空間」（間風土的世界）は，差異を解消した「均質空間」ではなく，たがいの差異を認め合う「差異の空間」を意味する。顧みるに，現代世界を覆うグローバル化の波は，「差異の空間」を解消する画一化の奔流である。その勢いは，風土と風土，国家と国家の〈あいだ〉を閉ざす動きである，と筆者には見える。そうした巨大権力の趨勢に対して，〈縁の倫理〉は有効な力を及ぼしうるだろうか。この点に関して，筆者は悲観的である。というのも，〈縁〉がそれを自覚する主体間で結ばれるミクロの実践であることからすると，多数の国家を包み込むグローバリゼーションの大勢そのものに歯止めをかける効果など，〈縁の倫理〉には望みえないことが明らかだからである。

「間風土的」という筆者の用語は，風土と風土の〈あいだ〉を開くことを意味する。国家に下属する社会集団において，人々を結ぶ〈縁〉が成立する。宗教

の組織は，それ自体が民族や国家と重なる場合もあるが，世界宗教のように，民族・国家に縛られない普遍的な秩序をそなえることは，けっして珍しくない。〈縁〉が〈水平のあいだ〉を開くことによって，宗派間の対立を超える可能性をもつことを，先に確かめた。そうした〈縁の倫理〉を，民族同士，国家同士に適用することは可能だろうか。

一点，確実に言えるのは，異なる民族・国家に属する個人と個人が，宗派的対立を超える〈縁結び〉と同じ流儀で，自他の〈あいだ〉を開くことは不可能ではない，ということである。世俗的な共同体においても，それのもつ結合力は——信仰共同体の場合ほど強力でないとはいえ——，水平（人－人）と垂直（神－人）の両次元にまたがる二重の〈あいだ〉からやってくる。既述のとおり，仮に組織同士が反目し合う関係にあったとしても，それぞれに属する個と個は，いわば越境する形で，「間風土的」に「ご縁」を結ぶことが可能である。

だからといって，国家のように巨大な権力装置同士が，個と個の友好関係に歩調を合わせるような仕方で，「相互承認」に至りうるかと問われたなら，「しかり」と答えることは難しい。最後に言いたいことは，風土の上限に置いた国家はさておき，中間的なスケールの都市において，〈縁の倫理〉がどこまで効力をもちうるかを実験することが，一つの選択肢になりうるということである。現に，そのための種々の実践が行われている——本書に収録された各章の報告が示すとおり。

あらゆる共同体が，水平と垂直，二重の〈あいだ〉によって成り立つことを，以上で確かめた。現代世界を覆う国家・民族間の対立抗争，宗教対立の底には，自己完結する〈信の構造〉が潜む。〈縁結び〉の努力によって，どこまで風土と風土の〈あいだ〉が開かれるのか。将来の世界に希望をつなぐことができるか否かは，この点にかかっている。

【参考文献】

木岡伸夫（2011）『風土の論理——地理哲学への道——』ミネルヴァ書房

木岡伸夫（2014）『〈あいだ〉を開く——レンマの地平——』世界思想社

木岡伸夫（2017）『邂逅の論理——縁の結ぶ世界へ——』春秋社
木岡伸夫（2018）『〈出会い〉の風土学——対話へのいざない——』幻冬舎新書
三枝充悳（2000）『縁起の思想』法蔵館
中村元他編（1989）『岩波 仏教辞典 第二版』岩波書店
ベルク，オギュスタン（1992）『風土の日本——自然と文化の通態——』篠田勝英訳，ちくま学芸文庫
山内得立（1974）『ロゴスとレンマ』岩波書店
レヴィナス，エマニュエル（2005）『全体性と無限』（上）熊野純彦訳，岩波文庫
和辻哲郎（2007）『人間の学としての倫理学』岩波文庫

第5章

建築とまちのリノベーション

江川　直樹

　建築に関する記述は，単体のものが多い。教育もそういった方向で進められてきた。しかし，われわれが住む環境は，集まって住む環境であり，建築が建ち並んでできる環境である。したがって，集まって住むカタチのあり様が重要である。筆者は，建築設計の実務に携わる中から，集まって住むカタチを考える拠り所として，集落のあり様から示唆を得て，〈場所の声を聞く〉〈あいだを設計する〉〈小さく解く・混ぜて解く〉といった理念を想起した。第1節では，そうした理念の意味と，それを適用したプロジェクトの事例を紹介し，第2節では，筆者の取り組みが，それに連動する大学連携地域再編事業へと拡がって行った経緯を辿る。

1. 集住環境のデザイン

集落から学ぶもの

　「私の集落体験は近畿一帯の集落に出会うところから始まった。〔中略〕この感動はどこからくるものなのか，この名状しがたい豊かさはどこから生じてくるものなのか〔中略〕，その後のわれわれの集落体験の積み重ねは私に1つの仮説を与えてくれた。これらの集落空間が特性として具有する空間の固有性と濃密性によるものではないかという仮説である」（藤本1978）。筆者が大学院時代から師事した建築家，藤本昌也（現代計画研究所）はこのように述べ，空間の固有性を，集落の全体像から住居群がつくり出す屋外空間のレベルにまで展開する同質性と差異性を表現する特性とし，「この固有性としか呼びようのない集落特性は，近代が強制する均質化の危機にひたされている現状から最も遠いところにある存在であることは間違いない」と述べた。また，空間の濃密性につ

図1 中央に見えるのが稗田の集落

いても，時間の経緯とともに堆積する生活空間の濃度，幾重にも重なり合う姿とし，「生活そのものによって支えられた集落空間の濃密性も，固有性と同様やはり，均質化の過程で必然的に拡散し，薄められた生活空間に取り囲まれているわれわれにとって最も遠いところにある存在に違いない」と述べ，近代がつくり上げている集住空間の貧しさを批判した。

図1は，奈良県大和郡山市にある稗田(ひえだ)という集落である。集落の北部には，近代の論理でつくられた典型としての計画的住宅地が見える。いかにすれば稗田に代表されるような濃密な集落特性を持った集住環境を，生活の舞台としての環境骨格として計画的につくり得るのか，そして，近代がつくってきた均質性の高い集住環境を再編・リノベーションしていけるのかが，筆者の一貫した関心であり，社会共通の関心であってほしいと望んでいる。

場所の声を聞く・あいだを設計する

建築や都市の設計で何が一番重要か。〈場所の声を聞く〉ことである。

筆者は「その住宅が建つ"場所の声"，なかなか聞きとるのは難しいけれども，それを大切にしたい。その住宅が建つ場所はそこにしかない状況，その唯一の環境，即ち，場所性に導かれて，建築家と住み手の応答をくり返しながら，そこにしかない住宅，そこにあるのが最もふさわしい住宅が創り出され，そこ

にしかない発見がもたらされたら〔中略〕」(江川1982)と考え続けているが，住宅に限らず，すべての建物や建物群は，場所との関係性の中で成立する。

　では，何を設計するのか。〈あいだを設計する〉のである。「あいだ」の空間を設計するのである。建物の中ならば，天井と床の間の空間，壁と壁の間の空間。街ならば，建物と建物の間の空間。この「あいだ」の空間を設計するために，天井や床，壁を考える。街ならば，建物を考えることだ。建ち並ぶ建物で「あいだ」の空間ができる。道や広場，階段などはこの空間の代表的なものだ。人生を生きる場所をつくり出すのである。建ち並ぶ建物で街ができる。建物と建物の間の空間は，「パブリックな空間」である。パブリックな空間はボイドな空間である。ボイドな空間に社会性があり，いかにしてボイドな空間を配置していくかが建築にとって重要で，アーバンデザインはここに在る。

　クリスチャン・ノルベルグ＝シュルツ (1926-2000年) は，「古代から，ゲニウス・ロキもしくは「場所の霊」は人間が直面し，日常生活において折り合いをつけねばならない具体的な現象として認知されてきた。〔中略〕建築するとは，このゲニウス・ロキを目に見えるように視覚化することであり，建築家の務めは，有意義な場所をつくりだすことにあり，そうすることによって建築家は人間が住まうのを助けるのである。〔中略〕場所とは独自の性格を有する空間である。建築の基本的行為は，場所の呼びかけを了解することにある」(シュルツ1994) と述べ，建築することの実存的意義を強調する。

　「ルイス・カーンは，自分が「どうしたいか」ではなく，すべての存在が「どうなりたがっているのか」と問いそのものを逆転し，存在せんとするものの声に謙虚に耳をすまそうとした〔中略〕」(松隈1997) と，松隈洋は述べている。

小さく解く・混ぜて解く

　20世紀の建築の世界では，あるいは開発の世界では，大きく解くことが良いこととされ，制度としてボーナスまで付加された。[1] しかし，場所の声を聞き，

---

1) 「個別建築物に対する規制緩和を行なう建築基準法による制度」。一定以上の敷地において容積率の割増しや斜線制限，絶対高度を緩和することで土地の有効利用を推進し，その代わりに敷地内に日常一般に開放された空地（公開空地）を確保させる。

人生を生きる場所を創出するには，〈小さく解く・混ぜて解く〉ことが必要だ。それぞれの場所は独自のものであり，全体で考えることは，個別の建築の建ち並びでまちをつくる作法に反する。建築リノベーションの時代になり，街もリノベーションの時代となった今こそ，目標と手法を転換する好機を迎えた。

　リノベーションの時代だから〈小さく解く・混ぜて解く〉ことが必要だというのではなく，もともとそういう風に考えるべきなのだが，同時多発的に発生するリノベーションの良さが地域住民に親しみを持って迎えられるのは，「小さく丁寧に解く」という行為が，機能やボリュームをまとめるのではなく，生活に必要な要素を，時には矛盾の要素も混在させながら存在できる空間をつくっていくという行為であるからだ。

　例えばニュータウンの住宅市街地は，要素間の混在を避け，機能やボリュームの純化された空間をつくってきて，そういった空間が，人間の生活行為の複雑さに合致しないことが見えてきている。また，街をリノベーションする際に，開発時には便利だったつくるための制度が，逆に同時多発的で多様な建物を混ぜていく「人間的なまちのリノベーション」には足かせになることも見えてきている。[2]

　〈小さく解く・混ぜて解く〉視点からは，改修・改変していく視点の重要性が浮かび上がり，したがって，つくる時代の制度の再編も重要な要素である。空間を考える専門家こそが，その意味を市民・住民・専門家に伝え，協働して制度を変えていくことによって，コミュニティや空間のリノベーションを進めていくことは，デザインの大きな行為であり，職能としての専門家が主導することに大きな意味がある。

　〈小さく解く・混ぜて解く〉際には，〈親街路性〉や〈親空性〉という視点が重要だ。一般に耳慣れない言葉だと思うが，〈親水性〉の街路版・まちなみ版，そして，そらなみ版と思えば理解できるだろう。建築が建ち並んでまちをつくり，みち空間や広場空間をつくる以上，建物やそこに住み暮らす人々と道行く

2）　建築基準法では，一敷地一建築物が原則だが，一団地建築物設計制度（法第86条第1項）では，特例的に複数建築物を同一敷地内にあるものとみなして建築規制を適用する制度。特定行政庁が，その位置及び構造が安全上，防火上，衛生上支障がないと認める建築物については，接道義務，容積率制限，建ぺい率制限，日影規制等が，同一敷地内にあるものとみなして適用される。

人々の間の親しい関係は重要だ。さらに言えば，そこに実態としての人の姿が常に見えていなくても，人の居る気配，人気（ひとけ）があることが大切だ。それは，建ち並ぶ建築にとって大変重要な関心ごとでなければならない。いかに道と親しい関係ができるか，いかに空と親しめる関係をつくるかは，まちが人生の舞台である以上，何よりも重要なことである。

集まって住むカタチ

　人が集まって住む環境のカタチは，これまでに述べてきたような視点を持って，人が暮らす「気配」を道行く人々に感じさせるような仕掛けを持った形態であることが重要で，そこに暮らす人々が何気なく無意識のうちにそのような行為をしてしまうような環境としてのカタチ，天候や季節といった自然の変化も日常の中で日々移りゆく微妙な変化として人々に感じ取らせるような，懐の深いカタチであることが望まれる。それが，楽しく有意義に暮らせる生活の舞台としての多様で豊かなカタチなのである。

　したがって，建築として目に見えるものだけではなく，建築と建築の間にある空間をつくり上げる移りゆくものへの眼差し，扱いが大きな要素となる。特に高温多湿な日本では，「影」「陰」といった要素が大きい。設計図面上には決して表現されない「影」「陰」や，当初の建設時には決して出現してこない「苔」のような自然との共生で発生できるもの，こういった要素の持つ環境形成上の意味は格別に深いものがある。

　以下，そういったことを目標に取り組み，今でも豊かな集住環境を呈している3つのプロジェクトを題材に，第三者の視点も交えながら振り返り，その考え方をもって論点としたい。

(1) 日本住宅公団鈴が峰第2住宅（1980年）

　広島市の西郊外，鈴が峰の斜面地に広がる分譲住宅団地は，専用庭を持った設地型のメゾネット2階建て住戸の住棟と，その上部（3・4階）に，屋外テラス（4階）を持った眺望型のメゾネット住戸を載せた4階建て住棟とで構成される。ゆるやかな円弧状でおよそ10分の1の勾配の傾斜地に，2階建て住棟の後ろは

図2　円弧状の斜面に沿った住棟配置

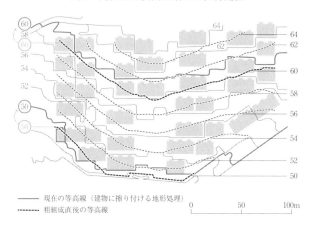

―――― 現在の等高線（建物に擦り付ける地形処理）
------ 粗組成直後の等高線

（出所）　篠沢・吉永（2017）より。

狭い空間で，4階建て住棟の後ろは広い空間とした千鳥配置にするという構成で，結果的にすべての住棟のグランドレベル（接地レベル）は異なるレベルとなり，それらを，1.2m以下に踊り場を設定した段数の異なる階段を持った縦横で幅員の異なる路地でつなぐことで，屋外空間に同質性と差異性を表現した（図2～4参照）。踊り場を1.2m以下にすることは，歩く時の目線の位置の連続性を保つことであり，さらに，擁壁と地面の接地面を斜めにすることと，千鳥配置のアイストップ面に高木を配することで，同質性と差異性に加えて濃密性を醸成する生活の舞台としての骨格性をつくり出し，生活の中に〈移り行く影〉の風景を混ぜ込むことを意識して設計した（図5，6参照）。

「広島という都市が，何もないところから再生するのを見てきた。海や川や山とかかわる多自然都市の条件が広島の風景を支えており，再生した街そのものは，意味もなく雑然としている。それに失望して，再生の経過の中でつくられた新しい「街のたたずまい」を探しまわる。そのような中で，この鈴ヶ峰団地は，人が住み，生きるための「街のたたずまい」を感じさせる数少ない場所である。瀬戸内に広がる風光を最大限に取り込んで，接地性と戸建て感に配慮した，典型的な低層集合住宅は，20年の月日を経て風景の中に深く根を下ろ

図3　2階と4階の住棟組み合わせ(1)

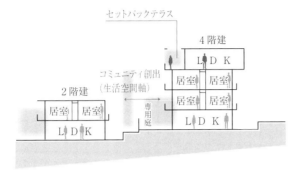

(注)　2階と4階住棟の間にある生活空間軸では住棟間のコミュニティが創出される路地として機能する。
(出所)　篠沢・吉永（2017）より。

図4　2階と4階の住棟組み合わせ(2)

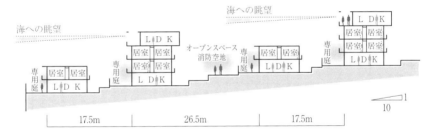

(注)　全戸のうち40％の眺望率を確保している。10％勾配の斜面を生かすことでより多くの住戸で眺望が得られた。
(出所)　篠沢・吉永（2017）より。

している。商業的マンション群の林立するなかで〔中略〕」（錦織2003）。

『建築ジャーナル』2003年1月号は，「地域主義のかたち――本当に良い建築とはなにか――」という特集である。中国地方で，錦織亮雄が，広島市の世界平和記念聖堂に加えて，もう1つのおすすめとして選んでいるのが，この日本住宅公団（現UR都市再生機構）鈴ヶ峰第2住宅団地なのである。この分譲団地は

図5　緩斜面と高木の外部空間

図6　陽と影が移り行く間の空間

今でも本当に気持ちの良い集住環境を維持しており，この屋外空間の設計体験がその後の筆者の設計視点の基本となった。ここで育った下田元毅（大阪大学助教）は，「団地図解：地形・造成・ランドスケープ・住棟・間取りから読み解く設計思考」(2017年) の中で，私のヒアリングも混ぜながら，その団地のことを，「集落の匂いのする〔中略〕」と解説している。

(2) 広島市営庚午南住宅・1期 (1986年)

　四周道路に囲まれた平坦な1haを少し超える敷地に，木造平屋建ての市営住宅が建っていた。老朽狭小化のために建て替えることになり，その基本計画を依頼された。1982年から83年にかけての話で，筆者自身が経験するはじめての建替え団地の計画であった。平屋建ての並ぶ戸建てにちかい住宅団地は，確かに老朽し狭小も問題ではあったが，路地的な小道が縦横に走り，住民が手入れしている植物などが道路景観を彩り，生活感の表出が好ましい住宅地の風景となっていた。広島市からの要望に従えば，4～5階建ての積層の集

合住宅になるのだが，従来の四角い箱形の標準的な集合住宅では，たとえ面積が増え，設備が新しくなっても，とても豊かな生活に更新したとはいえないだろうと感じた。

そこで，小さな住宅が丘状に積層し，生活の表情が団地の内外から垣間見えるような，そんなイメージの集合住宅を目指して構想を開始した。壁構造だが内部階段をうまくずれて内在させることによって，接地性の高い丘状の3層形態の基本構造を構想し，その上には，4階レベルに空中の立体街路（廊下）を持つ2階建ての集合住宅を積み上げるような構成とした。もともとあった，路地的な小道の位置を眺めていると，ちょうど隣り合う2住戸ごとに間の通り抜け路地階段を挟み込むと，従前の自由に行き来のできた通路のネットワークが再現できそうで，その隙間に，接地性が高く，通りや団地内からも見通しのきく路地階段と連動した玄関を設けることができる。それぞれの住戸は，空に開けた庭状のセットバックテラスを持つことができて，従前の庭に代わって植物などを育てることもできる。何より，雨が降り，時には雪も積もるセットバックテラスが3階までの各住戸に実現できるのは，生活する側からも好ましい形態になるだろう。

1階のテラスは自由に共用庭からも出入りできるようにすれば，より従前の生活に近い形となる。端の部分で屋根の向きを変えたり，階数を落としたり，あるいは周辺の状況に合わせて全体の階数を落としたりすれば，周辺の環境と連続間のある，風景としても連続した，かつ小さなスケールが集合した立体集落のような集住環境が形成できる。そこで，このような基本構造を頭に描きながら，敷地の長手である南北の道路沿いに町並み景観を形成させ，建物間でヒューマンなコミュニティ・スペースとなる東西2つの中庭を囲む配置とした。

周辺宅地との幅の狭い敷地の西側部分は，3・4階建てで囲み，広い東側は4・5階建てで囲んだ。敷地の特性を生かして異なった雰囲気の中庭をつくったことになるが，後に髙田光雄（京都大学教授）グループの調査によれば，主に広い方の中庭は子供たちが自由に走り回れる中庭環境として，やや狭い方の中庭は，高齢者たちが静かに談笑する中庭に使われていて，その効果が実証されたかたちである。従前の小道による周囲への通り抜け機能は，前述の通り抜け

図7 多様な間に囲まれた集住環境

路地階段がその効果を発揮し，町をさわやかな風が吹き抜けるだけでなく，ヒューマンなスケールの隙間から垣間見える多彩な風景が，周辺との連続間を強めており，安心安全な環境の形成にも効果を発揮している（図7）。

この提案は，複雑そうに見える集落的な立体の形状からコスト高が懸念されたのか，行政内部で一旦お蔵入りとなったものの，最終的な住民説明の過程で改めて披露され，賛同を得て実現することとなった。

地元広島の建築紹介ウェブサイト「ぶらり広島街歩き」（2010-09-23 06:13）にこの庚午南住宅が紹介されている。「敷地面積10,946㎡，戸数126戸の集合住宅。当時老朽化した市営住宅が持つ木造平屋の住宅街の空気感を再現し，かつ現代のニーズを満たしつつ中庭空間や路地空間，視線の"抜け"の確保，セットバックによるテラスの確保など，様々な設計上の工夫がなされている奇跡の建築物である。沿道に壁面を連続させて中庭を囲む「街区型」住棟配置であることが分かる。しかし実際に行ってみると，壁面は細かく分節され，各所に視線や風の"抜け"が設けられているため，（ヨーロッパによくある）街区型との印象は受けない。また低層部に目を転じると，1階平面のバックヤード・専用庭・エントランスが分散配置されており，死角が少ない。いわゆるマンションとは違う，伝統的集落にも似た空気感がよく出ている。中庭という閉鎖空間と"抜け"のバランスの巧みさは設計上の特徴といえる」。設計の狙いをうまく紹介しているのには驚きである。

(3)御坊市営島団地再生・1期〜5期（2001年）

和歌山県の御坊市営島団地の再編（再生・更新）事例は，設計段階から居住者

が参加して、時間をかけて住民・行政と一緒に創っていったプロセスに意味がある。住民が自分たちで創っていった集住環境には愛着感がある。改良住宅の建て替えだが、既存住民がいる積層公的住宅団地の建て替えとして重要な事例である。建て替え前の航空写真を見ると、建物が建っているだけで、周りの外部空間は、意味のある生活空間にはなっていない。残余空間にすぎず、住棟も、周辺とは関係なく建っている（図8）。ここでの提案は、周辺と同じような大きさの家々が、立体的に建ち並び、〈あいだ〉の空間としての道路空間を形成し、また、〈あいだ〉の空間としての共同の中庭をつくり出しているもので、先の庚午南の例と同じように、通り抜けることのできる路地階段がそこかしこに用意されている（図9）。一般的に、団地には大きな空間があるのだが、その空間を、〈あいだ〉の空間として、いかに生活空間として気持ちよく整備していくかということが重要だ。

図8　従前の外部は残余空間

図9　〈あいだ〉を設計する提案

　御坊島団地は、従前200戸ほどの団地で、コミュニティの疲弊感が漂う、地

域としても早期の更新が望まれる環境だった。基本構想では，このまちの人々のコミュニティ形成にふさわしい，適切な密度感を保つために，最初の半分を近くの新しい土地に建て替え，残りの半分を元の敷地で建て替えるということにした。まずは，近傍の新しい敷地での最初の100戸を，毎年20戸程度ずつ，住民と相談しながら設計していくことになった。住民との意見交換は，毎週のように行い，最初のグループの住戸に関しての話し合いは100回以上に及んだ。それぞれの家庭の事情を聞いていく中で，仏壇置き場や洋室和室の希望，就寝スタイルの希望など，いろんな家族像が見えてきた。

　何と言っても良かったのは，すべての家が異なる形態をしていることである。各住戸からの見え方がすべて異なることにも意味があった。誰の部屋から誰の部屋が見えるか，〈あいだ〉の設計でもあった。団地の色を決めるのもみんなで話し合っている。住民・専門家で提案を出し合い，それぞれ理由を説明し，最終的に色は専門家に任せるということになった。ここでも，集落的な多様性を目指そうと考えた。御坊では，毎年20戸弱の建設を，ワークショップには次年度以降入居予定の住民も参加しつつ5期に分けて実施した。

　3階の廊下は南側についている。実は，南から北，北から西や東と，いろんなところに廊下というか道があって，ここでも立体的な集落のようになっている。周辺の家々とも連続感のある形と大きさにしている。わずか100戸の団地を5期に分けて建設し，設計の担当者も毎回変えることで，多様な差異をできるだけつくり出すように配慮した。階段もすべて形が違っていて，しかも通り抜けができるようになっている。小さな集会室がいろんなところにあって，子供やお年寄りがそれぞれ自由に使えるようになっている。歴史的な集落を見ると，同じようなローカルディテールがそこかしこに見受けられるのだが，実は1つとして同じ形態はなく，微妙に異なる多様なカタチで出来上がっている。

　山道のようにグネグネとした階段もある。イメージするのは古くからある集落だ。標準設計のような繰り返しは，長く持続的に継続している集落には存在しない。屋上には，屋上広場があって，屋根があって日影の中で風の通るところと，日当たりの良いところが出来ている。南廊下というか，路地状の道では，日常生活の風景が展開され，前を通る住民同士のコミュニケーションが日常的

図10　見る見られる場所の多い御坊島団地

に可能となっている。親と子供の日向ぼっこも日の当たる廊下ならではの風景である。廊下に日が当たるというのも，実は大切なことで，人間は気持ちの良い道を歩きたいものだ。日の当たらない北側の廊下や階段だと気持ちが暗くなる。効率を追求してきた標準設計では，こういった当たり前のことが，効率というやり取りの中で無視されてきた。こういったところを改善してくことが重要で，建物でできなければ，屋外空間でそういった場所やアクセス空間をつくり出していく必要がある。

　南廊下なら，井戸端会議も日常的な風景だ。共同のリビングルームを持つ，コレクティブハウスも内包されている。団地外の人も一緒に，食事会やデイサービスが行われている。中庭はみんなのもので，自由に野菜などをつくっている。住民が自分たちで相談し管理していて，ここでは，迷惑をかけないという約束で，犬を飼うことも許されている。

　複雑な形のおかげで，夜の景色も素晴らしい。人の気配があって，安心，安全な集住環境となっている。「制服を着て並んだような団地とは正反対の，カジュアルなまちなみが公営住宅で実現した。外から眺めてもらうのではなく，日々の暮らしの中で，その中を通りながらみんなが楽しむ，表情のあるまちなみ景観である。どこをとっても同じ眺めがない。新しい考えが現実の公営住宅で実現した」(「和歌山県ふるさと建築景観賞」講評，2000年)。ここには住民主体の団地再編の目指すべき方向が読み取れる（**図10**）。

2. 大学連携地域再編まちづくりへ

大学での取り組み

筆者は，1982年に大阪で設計事務所を開設し，以後，多様な形式の，"集まって住む環境のデザイン"に取り組んできた。いずれも，住宅で街をつくる「再編(再生・更新)まちづくり」である。大規模団地の再編では，1962年に入居が開始されたUR浜甲子園団地(全4600戸)の建て替えに際し，多様な住形式や施設等が混在し，多様な世代が住むことのできるように，"団地から街へ"をテーマとする基本構想を提案，URの建替1期「さくら街」(2005〜2007年竣工，877戸)では，ブロックアーキテクトを兼ねるマスターアーキテクトとして，大規模であっても，先に述べた〈小さく解く・混ぜて解く〉を筆頭に，設計のプロセスや制度の再編を絡ませて取り組み，今も継続して関わっている。

そんな中，2004年に要請されて関西大学建築学科の専任教員として着任することになった。着任後は，いわゆる設計事務所では難しいような関わり方で集住環境の再編に関わりたいと考えた。最初に学生たちと取り組んだのが，カンボジア・トンレサップ湖浸水域にある美しい集落の実測調査で，その微妙に差異のある，しかし大きな環境を共有する集落の形態の美しさに感嘆しつつの調査では，大学生活の新しい豊かさ，可能性を実感した。

その後，2007年には兵庫県丹波市佐治で「農山村集落との交流型定住による故郷づくり——持続的に"〈関わり続ける〉という定住のカタチ"による21世紀のふるさとづくり——」(文部科学省教育ニーズ取組支援プログラムに採択：07〜09年)に取り組み，空き家を改修して現地スタジオを設置し，教育プログラムとして活用するだけでなく，研究室卒業生や学生が日々拠点をオープンし，過疎が進行中だった人口700人ほど(現在は950人)の小集落を舞台に，長期的な視点で地域と協働した大学連携地域再編活動を開始することとし，現在まで10年以上継続して取り組んでいる。

大学連携地域再編活動の進展

2011年からは，「集合住宅"団地"の再編(再生・更新)手法に関する技術開発

図11 まちにはみ出すコノミヤテラス

研究」(文部科学省私立大学戦略的研究基盤形成支援事業に採択：2011〜2015年）に取り組み，京都府八幡市男山団地（UR賃貸4600戸，分譲1300戸）をフィールドとして，大学・行政・事業者・住民協働により，団地や地域再編に資する様々な提案活動を開始し，学生や卒業生が運営する365日オープンの地域コミュニティ拠点「だんだんテラス」をベースに，子育て世帯向け改修住戸の開発供給，原状復帰義務の不要な自住戸改修システムの開始と支援等によって，世帯主の若年化等の一定の成果を得て，さらなる団地再編に向けて現在も大学連携地域再編活動を継続している。

さらに，2013年に実施した上記支援事業のもう1つのフィールド提案がきっかけとなり，翌2014年には，将来の人口減少が予想される大阪府河内長野市南花台地区（8200人，3500世帯，内UR賃貸住宅1200戸）でスマートエイジング・シティモデル団地〔筆者注：開発団地〕再生事業が開始され，大学・行政・事業者・住民協働による地域再編活動を開始，2015年には「コノミヤテラス」開設（図11），2016年の旧南花台西小学校の看護専門学校への再編・地域拠点化設計を経て2017年の開校，UR南花台団地の集約事業開始等，地域の再編気運の盛り上がりとともに継続展開している。

これらの取り組みは，現役の学生だけでなく卒業生も若手専門家として参加し，さらに思いを同じくする多世代の専門家とも協働し，また，多世代の住民を巻き込んだ取り組みで，人口バランスの良い地域再編を目標とし，他地域との連携や協働をも目標としている。

このような大学連携再編まちづくりは，多くの地域で期待されている。大学生や大学院生，若年卒業生といった地域に不足する人材が，高い能力の専門家と協働しつつ，地域に入っていくことの意味と役割は大きく，大学が，線的に世代をつなぎ，かつ多様に混ぜ合わせるハイブリッドなその大学力を生かして，1つの新たな活動スタイルを開発し，具体的に様々な地域と継続的に協働・連携して，地域の機運と成果を上げることが展開目標である。

　〈場所の声を聞く〉〈小さく解く・混ぜて解く〉〈あいだを設計する〉という理念は，もとより建築単体の設計から，建ち並んで街を構成するための建築や，屋外生活空間の設計に際して発想したものであるが，現代では，コミュニティの再編にも重要な考え方となっている。若者が建築を学ぶ内容も，多世代間のコミュニティ空間の形成こそが集住環境のデザインであるという視点で，再考されねばならない。

【参考文献】

江川直樹（1982）「知的・男の情報学⑦」『日刊建設新報』建設新報社
江川直樹（2011）『場所の声を聞く』関西大学出版部
篠沢健太・吉永健一（2017）『団地図解：地形・造成・ランドスケープ・住棟・間取りから読み解く設計思考』学芸出版社
錦織亮雄（2003）「地域主義のかたち――本当に良い建築とはなにか――」『建築ジャーナル』2003年1月号
ノルベルグ＝シュルツ，クリスチャン（1994）『ゲニウス・ロキ　建築の現象学を目指して』加藤邦男他訳，住まいの図書館出版局
藤本昌也（1978）「大地性の復権」『SD』1978年2月号，鹿島出版会
松隈洋（1997）『ルイス・カーン――構築への意志（建築巡礼）――』丸善

持続可能な縮小都市の〈かたち〉
――グローバル化時代の都市モデル模索――

若森　章孝

> 　21世紀の前半の世界は，近代世界を特徴づけた「成長の時代」から，新たな「縮小の時代」に入ろうとしている。人口の減少や環境問題の深刻化といった現実に対応しうる「持続可能な縮小都市」とは，どういうものか。そのあるべき〈かたち〉を，先駆的な縮小都市論の研究をもとに，現実に起こっている取り組みを参照しながら明らかにする。

1. 成長の時代から縮小の時代へ

　縮こまりつつある都市の現実は，人口の減少や空き地・空き家の増加に端的に表れている。21世紀に入り，世界の多くの都市で人口減少を要因とする都市空間の縮小が見られる。1990年から2010年にかけての20年のあいだに，ヨーロッパでは，37か国の7035都市のうちの20％が，年率0.15％のペースで人口を減らしている。2010年の時点で見ると，アメリカでは人口10万以上の都市289のうちの41都市で人口が減少しており，日本では269都市のうちの104都市（38.7％）がそうである（矢作2014）。

　先進国でとくに人口減少が著しい都市は，イギリスの旧工業都市（マンチェスター，リバプールなど），アメリカの五大湖南部のラストベルト（錆びついた工業地帯）の都市（デトロイト，ピッツバーグ，バッファローなど），中央ヨーロッパ・東ヨーロッパの旧社会主義国の都市（ライプチッヒ，ブカレスト，ベオグラード，ブダペスト，ソフィア，プラハなど），日本の地方都市である。イギリスとアメリカの工業都市の人口減少は，地域の雇用を支えていた製造業がグローバル競争で敗北した結果であるが，旧社会主義国のそれは，人口がヨーロッパの他

の豊かな都市に流出したためである。日本の都市の人口減少は，製造業の衰退と出生率の低下によると考えられている。

人口減少や少子高齢化，工業都市の衰退とともに，空き家率も上昇しており，総務省統計局の2013年の調査によれば，日本の空き家率は13.5％（820万戸）と過去最高になり，2033年には28.5％（2166万戸）に達すると見込まれている。アメリカの空き家率（2011年）も11％と日本並みに高く，かつて鉄鋼業や自動車産業で栄えたラストベルト地帯でとくに上昇している。イギリスの2011年の空き家率は3.2％（60万戸）と日本にくらべて低いが，リバプールやマンチェスターの典型的な労働者階級の人びとが暮らしていたテラスハウスなど，かつて産業の繁栄を象徴する建物群が長期的な空き家と化している。ドイツでは空き家率が約1％ときわめて低いが，旧東ドイツ地域を中心に人口減少都市が多く，空き家率が高い。

このような劣化する都市や空き家・空き地の問題は，われわれが「成長の時代」から「縮小の時代」への転換期を生きていることを示している。空き家，空き地，空き店舗，空きオフィス，空き工場，空き学校が常態化し，反転の兆しが見えない状態にある「縮小化する都市」は，間違いなく21世紀の前半の都市の1つの基本的なタイプになっている。そのことの直接的な要因として，アメリカのシカゴやイタリアのトリノ，イギリスのマンチェスターに見られるような，工業都市の衰退と雇用機会の減少，車社会の進展と郊外化（ニュータウンや大規模商業施設の開発），人口流出（都市間移動）がある。その背景には，経済のグローバリゼーションにともなう先進国の製造業の新興諸国への移転と，地方産業都市の空洞化，産業のサービス化，人口学的な出生率の低下と高齢化，などの問題がある。また，一極集中的な政府の地域政策や高速道路開発（都市間競争の激化），人間関係の希薄化が，縮小を加速していることを忘れてはならない。

2. 機能主義的な近代都市の〈かたち〉

近代都市論の提唱者はいずれも，現状を肯定することはせずに，都市の環境

悪化や人口増加にともなう住宅問題などを打破する革新的な構想を提起した。その代表的な例が，エベネザー・ハワード（1850-1928年）の「田園都市」とル・コルビュジエ（1887-1965年）の「緑の都市」である。ハワードは『明日の田園都市』（1902年）において，産業革命の進行による人口集中，環境悪化，失業，低所得者層の劣悪な住宅環境に対する解決策として，ロンドンなどの大都市周辺に公園や森，農地を配置した職住接近型の都市（3万人規模）を建設することを提案した。しかし，ハワードの社会改革的田園都市論は，アメリカを含む世界的規模で田園都市運動を巻き起こすほどの影響力を与えたとはいえ，実現された田園都市の姿は，経済的に余裕のある中産階級のための郊外住宅地であった。郊外住宅の家賃は労働者には高すぎたのである。田園都市論は，実際には都市の過密解消や労働者の住宅環境の改善にはつながらなかった。つまり，住宅問題や環境悪化という20世紀の都市問題は，未解決のままであった。

　ル・コルビュジエは，『輝ける都市』（1935年）において，都市の人口過密と環境悪化，車社会に対する解決策として，「緑の都市」構想を提唱した。「緑の都市」は，ハワードの「田園都市」を空間に高く垂直的に積み上げたものであり，高層建築の活用によるオープンスペースの確保や，車道・歩道の分離，地域の用途別分離といった機能主義的都市計画によって構築される，「太陽・光，緑，スペース」に溢れた都市空間である。それは，住む（住居），働く（職場），憩う（公園），移動する（車道）という4つの機能に従って効率的に編成される。このような都市空間の考え方は，現在でも日本において影響力が大きく，森稔の都心再開発手法（密集する低層建築を高層化・地中化し，緑地面積とオープンスペースの確保すること）に基づいて，六本木ヒルズ（2003年）や赤坂のアークヒルズ（1986年）などが開発されている。

　しかし，密集する低層建築を高層化することでオープンスペースを確保する都市開発や車による移動を最優先させる高速道路の建設は，次第に都市空間を衰退させる要因になってきた。次節で説明するように，ジェイン・ジェイコブズ（1916-2006年）の『アメリカ大都市の死と生』（1961年）は，機能主義的な田園都市論やコルビュジエの「緑の都市」構想を批判し，都市の「多様性」を回復する諸条件を解明することで，人びとの多様な出会いの場の創造を提起する

「縮小都市論」を，先駆的に基礎づけた。21世紀になると，「空き」の増加という，工業化と機能主義的都市開発の負債の現実を直視して，「空き」の再利用で縮小都市を再生させようとする構想が次々と提起されるようになった（矢作2014）。佐々木雅幸が提唱する「創造都市論」も，縮小都市論と問題関心を広く共有している（佐々木2012）。西洋の建築においても，リノベーション（既存建築物の再利用）の建築手法が重視されるようになった（加藤2017；土屋2017）。縮小化の時代には，人口と車利用の増加を前提とする田園都市論やコルビュジエの「緑の都市」構想は，持続可能な縮小都市論に道を譲りつつある。

3. 縮小都市論の展開

　21世紀になってようやく，成長パラダイムから脱却して，常態化する縮小都市の現実の理解から出発する，持続可能な縮小都市をつくり出すための方法や政策に関する研究が誕生した。ここで「持続可能な縮小都市」とは，工業が衰退し人口が減少しても，環境負荷を軽減し，生活の質を改善する経済的・社会的状態の達成をめざすような都市，いわば「小さく賢く発展する都市」を指すが，そういった政策についての研究は，「縮小都市論」と呼ばれている。

　縮小都市論は，成長時代の不良資産であるさまざまな「空き」（空き家，空き店舗，空き地，空き工場，空き倉庫，過剰になった公共施設や都市インフラ，人間関係の希薄化など）を，ネガティブに負債とは捉えない。それは，持続可能な縮小都市を実現するための有効な資源として，そういったものを活用することを考え，膨大な「空き」によって切り離されていた人と人との「あいだ」を開き，人びとが出会うさまざまな場所を創出することを，その基本的戦略に据える。

　このような縮小都市論は，しばしば耳にする「コンパクトシティ（集約型都市構造）論」と類似しているが，よく検討してみると，両者の性格は大きく異なっている。両者は，ともに「空き」の顕在化や郊外化の問題の解決をめざす持続可能な都市を目標として掲げている。しかし，コンパクトシティ論が「空き」をネガティブに考え，行政サービスや商業施設などの生活に必要な機能を一定範囲に集めて効率的な都市生活を達成することを戦略目標とするのに対し，

縮小都市論は人口減少と工業の衰退を直視して，「空き」の活用による場所の創造戦略を中心に置く。また，コンパクトシティ論が結局，長期にわたるスクラップアンドビルドの言い換えで，モダニズム的発想を乗り越えていないのに対し，縮小都市論は成長パラダイムからの転換を意図している（矢作2014）。さらに，コンパクトシティ論が出会いの場の創出を志向していない都市空間の集約化論であるのに対し，縮小都市論は出会いと交流の場所の創造を通して，都市空間を再生させようとしている。コンパクトシティ論は，効率的な行政・生活の空間の達成という理念から出発して，現実をこの理念に近づけようとするアプローチである。これに対して，縮小都市論は，「空き」の常態化という現実から出発して，持続可能な都市の達成をめざすアプローチなのである。イタリアのトリノなどでの衰退した工業都市の再生戦略の成功で，縮小都市論が世界的に注目を浴びているにもかかわらず，わが国の都市再生政策は，2013年の安倍政権の「骨太の方針」（経済財政運営と改革の基本方針）や2003年の国土交通省の社会資本整備審議会答申「都市再生ビジョン」に見られるように，縮小時代のめざすべき都市の「かたち」として，相変わらずコンパクトシティを掲げている。筆者の視点からすれば，このことは残念である。

　世界的な自動車企業フィアットのワン・カンパニー・タウンであったトリノは，1970年代までは労働者と南部からの移民の都市として栄えた。ところが同市は，石油危機とグローバル競争のもとでフィアットが衰退し，その中心的な工場であるリンゴットが閉鎖されるとともに，人口減少や労働者の解雇，失業の増加，内外からのビジネス投資の減退といった負の連鎖が生じて縮小する都市へと転落した。1975年には120万人に達していた人口が，20世紀末には約80万人にまで減少してしまった。だがトリノは，20世紀末から再生戦略を開始し，都市のイメージをつくり変える「都市ブランディング」戦略によって，フィアットの都市から歴史・芸術・文化・食の都市へと刷新することに成功した。「文化，革新，チョコレート，歴史，芸術，ナイトクラブ，映画，味覚，買い物」という9つのキーワードを掲げて，ソフト関連産業の育成に取り組み，人口も2017年時点で95万人まで回復している。

　トリノの縮小都市政策で注目されるのは，都市ブランディングの巧みさとと

もに，場所の創造を通じて都市空間を再構成する試みである。都市ブランディングの目標は，均質化を促進するグローバリゼーションに対抗して，空間的差異を創造することにある。そのためには，都市の歴史や文化，それらが自然との交わりを通じて生み出した「風土」に立ち返って考えること，都市イメージを内外に売り込む技術・歴史・科学など，各種のイベントの企画やメディア対策が大切である。それと並んで，「空き」を再利用して人びとの出会いの場所を多様に多層的につくり出し，その場所に新しい価値を生み出すことが「場所の創造戦略」において重要である。

　トリノにおける場所の創造戦略は，大学や商工会議所，金融機関，文化芸術組織など，トリノのステークホルダー（利害関係者）が策定した都市戦略プランの一環として実行に移された。それらはいずれも，使われなくなった工場や駐車場，鉄道跡地といった「空き」を再利用した事業である。例えば，かつての自動車組み立て工場や車部品工場を，現代アート美術館に転換するプロジェクトが実行されている。有名なのは，フィアットの基幹工場であったリンゴットの車の巨大組み立て工場を，現代アート美術館やショッピングセンター，ホテル，大学などが入る複合体につくり変えた企画である。都市空間を独占し，人間を排除・分断していた駐車場や道路が，カフェやバールに転用され，トリノのカフェ文化が復活するようになった。カフェが，歩道さえをも駐車場として侵食していた車から，都市空間を取り戻しつつあるのである（矢作2014）。このように創出された場の利用者は，高学歴で就業不安定な若者や青年を中心とした新中間層で，新しい消費やライフスタイルの担い手となっている。彼らは，カフェやナイトクラブでの談笑を好み，有名ブランドやユニクロ，H&Mなどよりも，地元発のブランドを愛好しているのである。

　とりわけ注目されるのは，トリノの市域を南北に走り都市空間を分断していた鉄道が，地下に埋設されて，その跡地に6車線の道路や自転車専用道路，並木道などが整備されたことである（脱工業化都市研究会2017）。かつてトリノがフィアットの企業城下町であった時代には，鉄道が資材や製品を運んだり，労働者の通勤に利用されたりしていた。線路の両側には，製鉄所やタイヤ工場，修理工場などが並び，沿線に労働者向けの低質な集合住宅が建てられていた。住

表1 フォーディズム都市とポストフォーディズム都市

	フォーディズム	ポストフォーディズム
都市のイメージ	自動車産業都市，企業城下町，「労働者の街」	都市イメージの刷新，現代芸術・文化・味覚の都市
都市の建築学的環境	近代工場，車のための道路・駐車場，労働者の集合住宅	現代美術館，環境パーク，自転車専用道路，カフェ
都市政策	有力企業の競争力と生産性のための都市インフラ整備	都市全体の「生活の質」を高めるための「空き」の再利用
都市政治	支配的企業の生産効率を最優先する政治，企業と都市政府の癒着	都市政府，大学，商工会議所，美術館・博物館，NPOなどによる共治(ガバナンス)
都市空間の利用	生産優先，車優先で出合いの場を排除する都市空間 均質化・画一化された空間	出会いと絆の「場所の創造」による都市空間の再構築 さまざまな部分的な場所
産業組織	垂直的産業組織，大企業と下請け化された中小企業	協働する革新的中小企業間の水平的ネットワーク

（出所）矢作（2014：154）の表に一部加筆。

民の往来を妨げ，市街地を分断するように走る鉄道は，フィアットに従属する都市空間の〈かたち〉を象徴していた。

　しかし，地下に埋設された鉄道の周りの大規模な工場跡地の再開発プロジェクトが実行に移され，大企業中心の産業構造に代わって革新的な中小企業が育成された。また，タイヤ工場・製鉄所の跡地には，生態系を取り戻すための環境パークが建設された。さらに，生活の質を高めるために，街路・文化機能が整備され，鉄道車両の修理工場の跡が，トリノ工科大学の環境・情報・バイオサイエンスの研究施設へと転換されている。

　フィアット中心の工業都市（フォーディズム都市）が終わり，ポスト工業都市（ポストフォーディズム都市）の時代をむかえた21世紀の現在，トリノの都市空間は，人びとの出会いと絆の場を創造し，生活の質を高めるという観点から，再構成されつつある。上の表1は，このような都市空間の転換を総括的に示すものである。

　都市のイメージは，工業の衰退と都市ブランディングを通して，産業都市と

「労働者の街」から，芸術・文化都市と「新中間層」の街へと刷新された。都市の建築学的環境は，近代工場や車のための道路・駐車場によって構築される環境から，美術館・博物館・図書館・大学の研究施設や環境パーク，カフェによって構成されるものへと変わっていった。都市政策は，有力企業の競争力を高めるための都市インフラの整備から，都市全体の「生活の質」を高める政策に転換し，都市政治についても，生産効率を最優先する，都市政府と企業が癒着した企業主義的統治は，都市の政府や大学，商工会議所，美術館・博物館，NPOなどによるガバナンス（共治）に取って代わられることになった。都市空間の利用をめぐっては，生産優先や車優先によって人間が脇に追いやられて出会いの場所が分断されていた都市空間の編成が刷新され，出会いと絆のための「場所の創造」戦略による都市空間の再構築が展開されている。産業組織においては，大企業と下請け化された中小企業によって編成される垂直的産業組織が衰退し，協働する革新的中小企業間の水平的ネットワークが発展することになる。

4.「空き」の再利用と持続可能な都市の「かたち」

　さまざまな「空き」は，行き過ぎた工業化の負債であると同時に，人と人，人と事物とが出会うことを妨げる壁となっていた。人と人との出会いは本質的に〈あいだ〉において生まれる（木岡2014）が，「空き」を経済的・政治的・文化的・社会的・環境的に活用して〈あいだ〉を開き，人びとが多様に多元的に出会う多数の場所を創出することは，縮小都市の持続性の確保につながる。端的に言えば，「空き」という都市の縮小化の見本のような存在を都市再生のために活用する「場所の創造」は，縮小都市の持続性を引き出す原動力になるのである。

　「空き」の再利用を通じての縮小都市の再生は，さまざまな人びとの出会いの場となる複数の場所を内包した「差異化された空間」として定義される，都市の本質的な性格（木岡2009）を回復させるものである。都市とは本質的に，画一化された均質化的な空間ではなく，無数の出会いの場所を備えた複雑で多様

な空間である。異なる文化背景や職業を持ち，郷里や出身国や年齢を異にする人たち——都市の住民，周辺の農民，労働者，移民労働者，観光客，長期滞在者，老人と若者，男と女——は，都市のさまざまな場所で出会う。人びとは，驚きと予期せぬ発見を通じて，「創造的関係」をつくり出す。すなわち人びとは，それぞれの生まれ育った場所（第1次的な共同体）を離れ，都市空間と都市イメージを共有するようになる。さまざまな人びとが都市空間を共有することは，都市のダイナミズムをもたらす。「場所の創造」戦略は，このような都市の本質を縮小都市の「かたち」として再現させた，と言うことができるだろう。

　人と人，人と事物が出会う多くの場所を含む多様な差異的空間を，持続可能な都市の〈かたち〉として古典的な形で描いたのは，ジェイン・ジェイコブズ『アメリカ大都市の死と生』である。彼女は，低層住宅で生活している人びとを追い出した更地に高層住宅や高速道路を建設する近代的都市計画を非難し，「都市とは複雑に結びついている有機的な秩序である」という見方から，街と人びとを元気にする4つの原則

　① 街路は幅が狭く曲がっていて，各ブロックが小さいこと，
　② 再開発をしても古い建物はできるだけ残すこと，
　③ 各地区には必ず2つ以上の機能を持たせること，
　④ 各地区の人口密度が十分に高いこと，

を提起した（ジェイコブズ2010）。例えば，狭く曲がり角の多い街路は，人びとのさまざまな相互作用を生み出し，人口密度の高いことは，そのような相互作用を何倍にも高める。安くて古い建物が残されていれば，そこに芸術家や学生が住むことができ，文化的活動や出会いの場所が生まれる。各地区に複数の機能が残されていれば，多様な人びとがそれぞれ異なる目的でさまざまな時刻に訪れることができ，異質な人びとのあいだの相互作用が活発になる。都市が人びとの出会いの多数の場所をつくり出す空間となりうる条件を示すジェイコブズの4大原則は，持続可能な都市の〈かたち〉を先駆的に描き出している。

　「グローバリゼーション」と「脱工業化」という21世紀初頭の文脈のなかで，マルチ・メディアや音楽，劇場，食，映像・映画などの創造産業の育成をめざす創造都市政策が，ユネスコの提唱による「創造都市ネットワーク」を通じ

て世界的規模で実行に移されている。工場跡地や空き倉庫などの「空き」を現代美術館やアーティストの活動の場として再利用し，アートの力を多面的に活用して都市を再生させる，創造都市戦略が成功しつつある。

創造都市は，「人間の創造活動の自由な発揮に基づいて，文化と産業における創造性に富み，同時に，脱大量生産の革新的で柔軟な都市経済システムを備え，〔中略〕グローバルな環境問題やローカルな地域社会の課題に対して創造的問題解決を行えるような『創造の場』に富んだ都市」（佐々木2012）と定義される。スペイン北部のビルバオは，造船所跡にグッゲンハイム・ミュージアム・ビルバオを建設することを起点に，現代アートによる都市再生を果たした。またフランスのナントは，工場跡地を劇場やコンサートホールやギャラリーとして再利用する文化政策を通して，重工業都市から創造産業都市に転換した。さらにボローニャは，旧株式取引所の修復工事によって，イタリア最大の図書館を建設することで，都心を文化創造的な空間に転換させた。こうした事例に見られるように，創造都市は持続可能な都市の「かたち」を典型的に表現しているように思われる。

このような持続可能な縮小都市の〈かたち〉と比較すると明らかなように，自動車産業や鉄鋼業のような近代的大工業の生産性と効率の最大化ために編成されたフォーディズム都市の空間では，工場群や鉄道，高速道路や駐車場によって人びとの出会いの場所が分断され，物理的な建物や機械・車が優先されて人間が周辺化されたものへと変質してしまった。フォーディズム都市の空間は，効率優先の基準から編成される均質化・画一化された空間であり，人びとが出会う場所がないという意味で「場所のない(ユートピア)」効率的な理想空間をつくり出していたのだった。都市は建築物などの物理的環境とそれを利用するさまざまな人たちの活動によって形成されるが，フォーディズム都市は物理的な環境という都市のハードウェアに著しく偏っており，ソフトウェアとしての人間相互の活動を制限していた，と言えるだろう。21世紀初頭に生じたフォーディズム都市の衰退と縮小都市の再生は，工業優先が都市の唯一の機動力であるという見方が錯覚であることを示唆している。

「空き」の再利用と場所の創造による縮小都市の再生は，都心を含む都市空

間のさまざまな場所で「多様な人たちが取り結ぶ創造的な関係こそが都市を生かし続ける根源的な力」(岡部2005)であり，また，この「都市を生かし続ける力」こそが「都市の持続可能性」であることを教えているのである．

5. 成長至上主義から縮小社会への移行

　「成長」から「縮小」に向かう近代社会の変化は，**表2**のようにまとめられる．21世紀前半は，産業革命期の18世紀末から1990年代までの成長至上主義と21世紀後半の縮小社会との過渡期にあって，さまざまな「空き」の増加や工業都市の衰退，環境悪化（温暖化・生物多様性衰退），内外における格差・不平等の拡大，原発事故，社会保障システムの維持の難しさ，財政悪化・負債の増大といった縮小社会への移行にともなう苦しみを体験している時代である．「持続可能な縮小都市」は，混乱と試行錯誤が続くこの時代に，いわば21世紀後半に実現されると期待される「持続可能な縮小社会」を先取りした「かたち」とみなすことができる．

　縮みゆく時代に先行して約200年間にわたって続いた成長の時代は，先進国が世界の資源や地球環境の浄化能力，豊富な安価の労働力を無際限に利用しながら，市場や生産組織や生産手段を大規模に拡大し続け，20世紀前半には覇権や植民地，原料や市場をめぐる2つの世界大戦を引き起こすことになった．そして20世紀後半には，フォーディズムと呼ばれる大量生産・大量消費型の経済システムと税や社会保険料に基づく社会保障システムがつくり上げられたが，そのような社会経済システムは内外での貧富の差を拡大させた．また，その資源浪費的で大量廃棄型の大量生産方式が，地球環境に大きな負荷をかけているにもかかわらず，このシステムは，石油価格を急騰させた第1次オイルショック（1973年）と第2次オイルショック（1979年）まで比較的順調に発展していた．しかし，1980年代になると，石油価格が上昇し，大量生産方式自体の生産性が伸びなくなったことで，フォーディズムは競争力を失い，先進国の経済システムは，1990年代に金融主導型の成長体制へと移行していった．経済はもはや，工業の生産性上昇や賃金増加による国内市場の拡大によって牽引され

表2 成長時代から縮小社会時代へ

	成長の時代	縮小化の時代	縮小社会の時代
時期	18世紀末～1990年	21世紀前半	21世紀後半
社会の型	成長する社会	混乱と試行錯誤の状態	持続可能な社会
市場 生産組織 生産手段	大規模・世界市場 株式会社 機械制大工場	グローバル市場の競争 製造業の衰退，金融化 IT，巨大多国籍企業	地産地消 協同組合など 分散化，小規模
経済と国際関係	賃金増加，雇用安定 大量生産・大量浪費 覇権・戦争 先進国と途上国との 　貧富の格差	賃金削減，不平等拡大 金融主導型経済 環境をめぐる紛争 資源枯渇の前段階， 　移民の増加と排斥	格差の縮小 社会的連帯経済 共存と国際協力 資本の国際移動の制 　限，国際富裕税
生活基盤 　電力・ガス 　環境 　生活拠点 　医療・福祉・教育	巨大発電 CO₂増加 都会中心，住勤分離 税と社会保険料	資源枯渇・原発リスク 温暖化・生物危機 空き家・空き店舗 少子高齢化と負担増 　で福祉国家の崩壊	太陽光発電 CO_2の削減，緑化 持続可能な縮小都市 地方政府による現物 　供給，無料化

(出所)　松久 (2012：68) の表に一部加筆。

るのではなく，株の配当や株価上昇，投機的金融活動によって主導されるようになったが，2008年には深刻な世界金融危機を引き起こして現在に至っている。

　縮こまる時代に突入した1990年代以降の欧米や日本といった先進国では，グローバル競争の激化（製造業が中国・インドなどの新興国に移転した）や実体経済から遊離した投機的金融活動のために，経済成長が停滞・停止しており，原料・資源の価格上昇や環境悪化の影響も深刻化している。さらに縮小化する時代は，世界的に見れば資源枯渇の前段階にあって，石油や水を含む資源の価格が上昇し続ける混乱の時代でもある。とりわけ地球温暖化の危機について言えば，2050年までにCO_2の排出量を世界で50％（先進国で80％）削減するという目標が達成されるなら，持続可能な縮小社会に早めに移行することができるだろうが，そうでなければ地球生命絶滅の危機は現実のものになるだろう（松久2012）。

縮小社会とは、「持続可能性」の考えに基づいて、経済・社会・国際関係・生活基盤が構築されている社会である。持続可能性は、生命と経済活動を支える地球環境の能力を劣化させることなく、人間社会を維持するための基本的条件である。環境の持続可能性を回復させるためには、資源消費量や廃棄物量を削減すること（Reduce）とともに、工場跡や空き家などの「空き」を再利用すること（Reuse）も必要である。今、大規模な工業化が、膨大な「空き」を生み出し続けていることを考えれば、経済成長を許容してきた従来の「持続可能な発展」の概念は、見直されなければならないだろう。国連の「環境と開発に関する世界委員会」（ブルントラント委員会）の報告書（1987年）の「持続可能な発展とは、将来の世代が彼らの必要を満たす能力を損なうことなく、現在の世代の必要を満たすような発展である」という有名な定義において重要なのは、「持続可能」という考え方が初めて提起されたことである。持続可能な「発展」とは、先進国の経済成長を容認する「発展」では、けっしてないのである（松久2012）。

　「持続可能な縮小社会」とは、化石燃料と原発に依存した大量生産・大量浪費の拡大志向型社会から脱却した社会であり、人類の生存維持を最優先する社会である。それは、すべての人が安心して安全に住め、必要な生活財や食糧が保証される社会であり、人と人とが出会う場所が創造されうる社会である。持続可能性の観点から考えるならば、**表2**の「縮小社会の時代」に見られるように、市場経済は地域をベースとする「地産地消」型であり、生産組織は協同組合や社会的企業によって運営される。国際関係においては、投機的な国際資本移動を制限する取り決めが、「失業と格差の少ない社会」をつくる各国の政策余地を可能にする。また国際的な富裕税は、富者から貧しい人への所得の再分配を実現し、国家間および国内の貧富の差を縮小させる。各国の国内の経済は、営利企業や革新的な自営業、協同組合企業によって構成されると予想されるが、協同組合を軸に形成される社会的連帯経済が中心になるだろう。社会的連帯経済は、競争ではなく協力を組織原理とし、営利目的ではなく環境問題や貧困問題などの解決を目的として掲げる社会革新型の経済システムであり、今日、スペインのモンドラゴンやカナダのケベック、イタリアのボローニャなどで先駆

的に見られる経済システムのかたちである。縮小社会の都市の「かたち」は，人と人とが出会うさまざまな場所を創造する持続可能な都市なのである。

　縮小について考えることは，21世紀の将来を見据えて新しい時代に適した社会に向かって舵を切ることである。「空き」の再利用(リノベーション)によって人びとの出会いの場所を創出することで都市の「持続性」を確保しようとする「持続可能な縮小都市」論は，混乱と試行錯誤が続く縮小化の時代にあって，21世紀後半に実現されると期待される「持続可能な縮小社会」を先取りする試みとみなすことができる。

【参考文献】
岡部明子(2005)「都市を生かし続ける力」植田和弘ほか編『都市とは何か』岩波書店
加藤耕一(2017)『時がつくる建築　リノベーションの西洋建築史』東京大学出版会
木岡伸夫(2009)「都市の近代とは何か」木岡伸夫編『都市の風土学』ミネルヴァ書房
木岡伸夫(2014)『〈あいだ〉を開く──レンマの地平──』世界思想社
佐々木雅幸(2012)『創造都市への挑戦』岩波書店
ジェイコブズ，ジェイン(2010)『アメリカ大都市の死と生』山形浩生訳，鹿島出版会
脱工業化都市研究会編著(2017)『トリノの奇跡』藤原書店
土屋和男(2017)「都市デザイン史から見た近代化遺産の再生・転用」『常葉大学造形学部紀要』第16号
ハワード，エベネザー(2016)『明日の田園都市　新訳』山形浩生訳，鹿島出版会
松久寛編(2012)『縮小社会への道』日刊工業新聞社
矢作弘(2014)『縮小都市の挑戦』岩波書店
ル・コルビュジエ(2016)『輝ける都市』白石哲雄監訳，河出書房新社

第Ⅱ部
〈かたち〉の論理

序

〈かたち〉と〈かた〉

　ありとあらゆるものは，すべて具体的な〈かたち〉（形）をもつ。水や空気は，流動的で形が定まらないとはいえ，「不定形」という特殊な〈かたち〉をそなえると言うことができる。その意味で，この世に存在するものの中に〈かたち〉なきものはないと言ってよいだろう。

　第Ⅰ部で扱った〈あいだ〉——出会いの〈場〉——と並んで，都市の風土学の柱となるもう一つの理念が，〈かたちの論理〉である。〈かたちの論理〉は，いま挙げた意味での〈かたち〉が，その背後にある〈かた〉（型）と関係しながら変化する一方，〈かたち〉にかかわることをつうじて，〈かた〉そのものが変わってゆくという関係，つまり〈かたち〉と〈かた〉の相互作用の論理である。〈かたち〉と〈かた〉のこうした関係性は，語形上の微妙な区別が可能な日本語の世界でしか成り立たない[1]。その意味において，〈かたちの論理〉は，日本語で哲学するかぎりにおいて，日本の哲学独自の論理である。

　では，〈かたち〉と〈かた〉にはどんな区別があるのか。そして，この二つはどのように関係するのか。この世に存在するもの，すべてがそなえるという〈かたち〉。多種多様な〈かたち〉は，どこからどのようにして生まれてくるのだろうか。生き物であれば，子に先んじて存在する親が，子という〈かたち〉をつくり出す。こうした親子の関係から，比喩的に考えてみよう。人間をはじめとする存在には，それを生み出す親のような何ものかが関係すると考えられる。人々は，あらゆる事物を生み出す原因・原理となる特別な力を考え，それを「造物主」つまり神と呼んで，地上の事物から区別してきた。

---

1) 「かたち」の「ち」は，「自然の力，勢い」を意味する接尾辞であるという向井周太郎の説が，中村雄二郎（1991：68）によって紹介された。筆者はここから，「かたち」と「かた」が不可分な仕方で関係する，という〈かたちの論理〉の手がかりを得た。

この世に存在するものは，何を原因（原理）として存在するのか。この問い は，哲学における「存在論」の問題である。伝統的な考えでは，人間や自然が 目に見える〈かたち〉として存在するのに対して，その原理である神の存在は 目に見えない。つまり〈かたち〉がない。というのも，もし神が人間のように 〈かたち〉を帯びて存在するなら，そのありようは人間と変わらないことにな り，〈かたち〉あるものを生じる原理の地位を占めることができないからであ る。ちなみに，神のように〈かたち〉を超えた存在を考える学問が，「形而上 学」である。

　ここからは，伝統的な意味の存在論（形而上学）ではなく，文化の形成発展に 即して，〈かたちの論理〉を考えてみよう。神のような絶対者の存在はさてお き，日本の社会には〈かたち〉にかかわる原理のようなものを，〈かた〉と呼ぶ 習わしがある。〈かた〉は〈かたち〉に先んじて存在し，〈かたち〉を生み出す原 理を意味する。たとえば，柔道や空手のような武道には〈かた〉が存在し，入 門者はそれを手本として，自分なりにそれを模倣する。その過程において， 〈かた〉を学ぶ人ごとに，さまざまな〈かたち〉が生み出される。だが，お手本 となる〈かた〉には，神のように不変で絶対的な性格はない。それには，次の 二つの理由がある。一つは，〈かたち〉の実践を繰り返すうちに〈かた〉が習得 されること，つまり〈かたち〉が〈かた〉に成り上がるということである。した がって，〈かた〉と〈かたち〉のあいだには，神と人間を隔てるような断絶が存 しない。もう一つの理由は，そのような修行の過程をつうじて，〈かた〉その ものが変化することである。そこに生まれるのは，先在する〈かた〉とは異な る，個性的で新しい〈かた〉である。武道や芸道の世界で，先達のつくり上げ た〈かた〉をつくりかえる「かたやぶり」の意義が認められているのは，この ことを物語っている。

　してみると，〈かたち〉と〈かた〉の関係には，対照的な二つの面があること になる。一方において，〈かた〉から〈かたち〉が生み出される。〈かた〉の存在 が，それを模倣する〈かたち〉の実践を導くという意味で，〈かた〉が〈かたち〉 に先行し，優越する。他方，こんどは個性的で多様な〈かたち〉の実践をつう じて，過去にはなかったような新しい〈かた〉が生まれてくる。こちらの場合，

〈かたち〉が〈かた〉に先行して，〈かた〉のありようを決定する。とすると，いったい〈かた〉と〈かたち〉のどちらが原因で，どちらが結果なのだろうか。この問いには，どちらも他に対して，原因であるとともに結果である，と答えられる。ここには，通常考えられるような一方的な「因果関係」は成立しない。

　これまでの存在論の基本は，原因と結果をたがいに独立したものと考える因果論にある。それに対して，〈かたちの論理〉では，〈かたち〉と〈かた〉をたがいに切り離して考えることはない。というのも，通常の存在論が，「原因」と「結果」を固定する二元論にとどまるのに対して，〈かたちの論理〉は，不可分な二つのものの地位がたがいに入れ替わる，ダイナミックな関係を認めるからである。第Ⅰ部「序」では，二元論にはない〈あいだを開く〉思考法を，「レンマ的論理」として簡単に紹介した。ここで紹介する〈かたちの論理〉は，〈かたち〉と〈かた〉の非二元論的な関係を提起する。その点において〈かたちの論理〉は，まさしく〈あいだを開く〉レンマ的な思考法そのものである。

　西洋哲学と日本の「哲学」(前者から区別する意味で，後者にカッコを付す)，両者の違いをひとことで言い表すなら，二元論の「ロゴス」にふみとどまるか，二元論にない〈あいだ〉を開く「レンマ」の立場をとるか，である。前者の立場では，原因と結果，原理と所産の隔たりが無くなるとか，関係が逆転する，といったことはありえない。それがもしあるとすれば，神と人間の地位が入れ替わるような破天荒な事態を承認することになるからである。やや抽象的に言い足すなら，日本的な〈かたちの論理〉は，西洋文明を根本的に支配する「超越」――人間に及びもつかない神のごとき存在――を想定しない。そうした思想にもとづく〈型の文化〉の意義は，別の機会に取り上げることとして，本「序」では，この思想が「都市の風土学」にとってどのような意義をもつかに言及しておこう。

都市の〈かた〉

　本書では，都市のさまざまな〈かたち〉と〈かた〉を扱う。古今東西にわたって，都市には上に述べた意味での多種多様な〈かたち〉があると同時に，単なる〈かたち〉を超えて，モデル（手本）となるような〈かた〉が存在する。もう

少しくわしく言うなら，都市が形成される過程では，ふつうこうあるべきだという〈原型〉，モデルが存在し，それをなぞる——いわば「かたどる」——ようにして，都市建設が企てられる。しかし，結果として出来上がる都市の〈かたち〉は，オリジナルの手本（かた）そのままではなく，そこから多少とも外れた，ユニークな個性を帯びざるをえない。つまり，都市に関する〈かた〉と〈かたち〉が，一つになることはほとんどなく，たがいのあいだにズレがあるというのが通例である。そういう〈かたち〉の変化や多様性から，あるべき都市の〈かた〉が変化してゆくということも，当然起こりうる。とすれば，ここにも〈かた〉から〈かたち〉へ，〈かたち〉から〈かた〉へ，という相互の移行が生じるわけであり，都市のあり方に〈かたちの論理〉を適用する理由がある，と考えることができる。

　都市に関する〈かたちの論理〉は，「都市の類型学」（M. ウェーバー）ではない。ウェーバー（1864-1920年）の提示する都市の「類型」（Typus）は，西洋の歴史的都市に見られる共通の特徴を要約・整理したものであり，西洋的な〈かた〉を基準とする視線の下に，アジアなど西洋以外の都市は，もっぱら前者からの距離——共通性と差異——によって特徴づけられる。西洋的な都市の〈かた〉とは，たとえば，古代ギリシャに発する民主制，アゴラ（広場），信仰の中心となる教会，中世に発達したギルド（職工組合），等々の存在である。ウェーバー自身が，都市の包括的定義として挙げる「大聚落」（ウェーバー1965：4）は，世界中に無数に存在するにもかかわらず，彼の提示する都市の〈かた〉は，極度に西洋中心的な性格をしるしづける。これに対して本書は，第一に，西洋以外の地域に，西洋都市とは異なる〈かた〉が存立しうるということを，実例によって証明する。そのうえで，複数の〈かた〉の共存あるいは対立・衝突の中から，従来なかったような新しい〈かた〉が生成する可能性に論じ及ぶ。

　「はじめに」において，「都市」が「都」としての宗教的特性，「市」が表す経済的特性の統一であるということを示した。この点に関するかぎり，ウェーバーの都市論と本書の考えに齟齬があるわけではない。なかでも経済的交換の場としての「市場」に関して，西洋と非西洋の都市に本質的な相違点を認めることは難しい。だが，もう一方の宗教的特性については，アジアと西洋に根本

的な不一致が存する事実を見逃すわけにはゆかないだろう。いま東洋と西洋，両方の都市を総括する視点から，コスモロジーの性格を問題にするなら，多神教と一神教の対立がおのずと浮かび上がってくる。

東洋の場合，二種の〈あいだ〉が分けがたく関連し合う。二種の〈あいだ〉とは，〈人と自然のあいだ〉〈人と人のあいだ〉である。人は，自然を操作・利用の対象として二元対立的に見るだけではなく，自他融合の相で，〈人間－自然〉を一元的に把える。いわば，二元論と一元論を行き来する「通態化」（ベルク1992）によって，〈人と自然のあいだ〉を開く。しかも人は，自然と交わるように他人と交流する。自然に対する近しさ，並びによそよそしさは，そのまま他人に対するそれらでもある。むろん，〈人と人のあいだ〉は，〈人と自然のあいだ〉と同じではない。とはいえ，二元対立的に自他を引き離さない関係のあり方として見るなら，二種の〈あいだ〉は似かよった質をもつ。

行きがかり上，付け加えて言うなら，西洋哲学の二元論において，人と自然は完全に切り離されるし，人と人もたがいに交流しがたいまでに分断される――他人の心はブラック・ボックスである，といった具合に。かように自他を分断する二元論とは異なる〈あいだ〉が，アジアの都市に開かれていることは，第Ⅱ部の各章をお読みいただくことによって，どなたの目にも明らかとなるだろう。

東西の総合へ

第Ⅱ部を構成する全6章は，西洋と日本における都市の〈かた〉（型）を提示する前半3章と，現代における〈かた〉の融合を問題にする後半3章とに分けられる。それぞれの内容は，次のとおりである。

「第7章 パリの景観保全――「ピトレスク」をめぐって――」（江口久美）は，西洋の歴史都市を代表するパリが，市民の合意の下に行ってきた景観保全のプロジェクトを紹介する。今日見られるようなパリの都市イメージは，「ピトレスク」（絵画的）の自覚を核として，歴史的につくられた〈かた〉である。周知の「花の都」は，最初から存在したものではない。

「第8章 琉球の都市と村落――集落の形成思想をめぐって――」（松井幸一）

は，西洋都市とは対極をなすアジア都市の代表として，琉球を取り上げる。タイトルが物語るとおり，琉球では都市と村落が，西洋の場合のように明確に対立することなく，構造的に連続して存立する。アジア的な都市構造は，風土に固有なコスモロジー，風水思想と不可分に結びついている。

「第9章　古代ギリシャの民主制と理性——都市の思想の源流——」（中澤務）は，西洋都市の源流であるギリシャの都市（ポリス）に誕生した民主制のあり方を，「理性」という観点から評価する試みである。「ポリス」という器と「民主制」という内容。この二つは，鶏と卵のように，どちらが先かを決められないような仕方で結びついている。3000年に及ぶ西洋都市の原型が，そこに認められる。

「第10章　関一と「大大阪」——田園都市思想の実践——」（河野康治）は，20世紀を代表する「田園都市」の思想（ハワード）を学んだ関一が，そこから構想した「大大阪」計画の概要と，計画の柱となった「土地区画整理事業」の意義を論じる。これは，西洋の理論を〈かたどおり〉に踏襲するだけではすまなかった，新たな〈かた〉創出のモデル・ケースである。

「第11章　田舎家の〈縁〉——再発見・再利用された民家——」（土屋和男）は，明治以降に建築された「近代和風住宅」である「田舎家」に注目し，その「再利用」（リノベーション）がもつ意義にふみこんだ論考である。論者によれば，西洋近代建築導入後につくられた田舎家は，単なる復古・懐旧ではなく，前近代と近代，非西洋と西洋，自然と人為の「結節点」に位置づけられる，という。いわば，〈あいだ〉に成立した新しい〈かた〉の実例である。

「第12章　ユネスコ学習都市構想の社会学」（赤尾勝己）は，SDGs（持続可能な開発目標）の掛け声とともに浮上してきたグローバルな「学習都市」構想が，日本という国家，その地域（取材対象は岡山市）の取り組みをつうじて，どのような〈かたち〉に具体化されたか，の事例報告。普遍的な〈かた〉が，〈かたち〉による特殊化を要求する，という事実の好例と言えよう。

【参考文献】

ウェーバー，マックス（1965）『都市の類型学』世良晃志郎訳，創文社

木岡伸夫（2017）『邂逅の論理――〈縁〉の結ぶ世界へ――』春秋社
中村雄二郎（1991）『かたちのオディッセイ』岩波書店
ベルク，オギュスタン（1992）『風土の日本――自然と文化の通態――』篠田勝英訳，ちくま学芸文庫

第7章

パリの景観保全
――「ピトレスク」をめぐって――

江口　久美

> 　「花の都」パリの魅力を形づくるのは，新旧の要素が調和した都市景観である。単なる古さでもなく新しさでもないその魅力は，どこから来るものか。オスマンによる大改造以後の近代化の中で，「ピトレスク」が美の基準として市民に自覚され，景観保全の指標となっていく。本章では，この「ピトレスク」という概念をめぐるパリの景観保全の取り組みを紹介する。

1. パリの都市景観

　『クレア・トラベラー』（文藝春秋）2018年Spring号では，「どこか遠くに行きたいときに　新しいパリ」という特集が組まれている。表紙には，再開発され2016年にオープンした駅，ショッピングセンター，公共施設を内包するフォーラム・デ・アールから，ピエール・レスコ通りなどの周辺の歴史的街並みと1977年に竣工したポンピドゥ・センターを臨む景観が採用されている（**図1, 2**）。

　このように，パリでは古い景観に新しい要素を取り入れながら，鳥海（2004）の主張する魅力的な景観の「保全的刷新」が行われている。しかし，ただ経済原理に則った新しい要素を全て許容するだけでは，街並みは無秩序となり，魅力が失われてしまっただろう。景観の保全的刷新には，どのような美の基準と発見手法があったのであろうか？

　筆者はこれまでの研究から，ジョルジュ＝ウジェーヌ・オスマン（Georges-Eugène Haussmann, 1809-1891年）県知事によりパリ大改造が行われ，パリの景観に近代化という大きな変化が起きた19世紀に，単に歴史的な要素を評価す

図1　フォーラム・デ・アールのピエール・レスコ通り側エントランス

（出所）　2018年筆者撮影。

図2　周辺のジョアキム・デュ・ベレ広場

（出所）　2018年筆者撮影。

るだけではなく，パリ市民の生きる界隈の景観評価の基準として，「ピトレスク」という概念が生まれ，用いられてきたことを明らかにしている（江口2015）。本章では，この「ピトレスク」という概念の発見に至る経緯とパリの景観保全のあり方について迫る。

2.「ピトレスク」の意義と歴史

　フランス語の「ピトレスク（pittoresque）」は，「注意を引き，絵に描きたいような固有の様相による魅力を有する」ことを意味する。パリの景観に対するこの語の使用は，英語の「ピクチャレスク（picturesque）」から持ち込まれたと考えることができる。OEDによれば英語のピクチャレスクの使用は1705年に遡り，「絵画の要素または品質をもつこと，景色が良いこと」などを意味していた。

　しかし，その言葉の輸入は，単純な現象ではなかった。もともと，英語のピクチャレスクは，不規則な自然美を評価するための言葉であった。18世紀に，クロード・ロラン（Claude Lorrain, 1604または1605-1682年）のピクチャレスクな風景画が，イギリスで大変流行した。その背景には，当時貴族子弟が行っていた，アルプスを越えてイタリアに至るグランドツアーがある。貴族子弟は，その山中で自然の美に価値を見出したのである。これは，それまでの美の価値観を覆すものであった。なぜなら，それまでのヴェルサイユ宮殿のフランス幾何学式庭園に代表される人工的な規則性，直線，幾何学性を重視した美の基準が，正反対の自然の不規則性へと変わったからである。ロランの絵画は，ピクチャレスクな美の基準となった（図3）。

　このピクチャレスク美学運動を主導していた人物が，ウィリアム・ギルピン（William Cilpin, 1724-1804年）であり，彼は不規則でピクチャレスクな美を発見するための手法を提示した人物である。ギルピンは，イギリス国内でのピクチャレスク・ツアーの流行とともに，自らもツアーに出かけ，ピクチャレスクな風景美を探訪し，次々と紹介した（図4）。彼の1770年の紀行文（発刊は1782年）である『ワイ川紀行』（*Observations on the River Wye*）には，ピクチャレスクな

図3 ティヴォリのシビル神殿のある田園風景（1644年）

（出所） Bernard Biard, *La peinture de paysage du XVIIIe siècle à nos jours*, Georges Naef, 2014, p.138.

美をいかにして読み解くかの手法が，以下のように述べられている。

　自然は，もしその図式が理解され得るなら，疑う余地なく調和的に大きなスケールで作用する。一方，芸術家はあるスパンに閉じ込められる。そして，彼の小さなルールを守る。そのルールは，彼がピクチャレスクな美と呼ぶものであり，単に，自然の表面のそのような狭い部分を自分の目に適応させるだけである。

　つまり，雄大に広がる自然の中から，その一部を自分の目に適応させて切り取ることが，ピクチャレスクな美を発見するために必要な手法である，ということが述べられている。その適応の基準となったのが，クロード・ロランの絵画であった。
　この「切り取り」の手法は，様々に，時には極端な形で現れた。図4に示されたピクチャレスクな風景は，楕円に切り取られているが，これは「クロー

図4　グッドリッチ城

(出所)　William Gilpin, *Observations on the River Wye, 1782*, Woodstock, 1991.

ド・グラス」という道具を用いているためである。クロード・グラスの名称は、クロード・ロランに由来しており、「長方形もしくは円形の携帯型凸面鏡」として定義される。雄大な自然をこのグラスに映し出すことで、クロード・ロランの絵画のような風景を切り取り出し、手元で楽しむことができた。ピクチャレスクな風景を求める旅行者たちは、皆この道具を持ち歩き、各地で風景を映し出して回った。旅行者たちは、実際の風景ではなく、この切り取られたピクチャレスクな美を楽しんだのだ。このような自然美を人為的手法で楽しむ姿勢は、庭園文化にも波及し、ロランの絵画のような風景がイギリス風景式庭園の作庭によって実践された。

3. 古きパリのピトレスクな景観

　このピクチャレスクの概念がフランスで独自の進化を遂げるのは、19世紀になってからである。19世紀初頭、パリは古都でありながら近代化がうまく遂げられず、不衛生で過密な状態に陥っていた。それを象徴する出来事の1つが、1832年のコレラの大流行であった。1853年にセーヌ県知事となったオス

図5 パリ改造で整備されたリヴォリ通り

（出所）　2018年筆者撮影。

マンは，パリを近代化すべく，パリ改造に着手した。パリ改造の目的は，プロジェクト事業として美観を取り入れた街路整備を行い，都市に機能性と合理性を獲得することであった。街路整備にはルネサンス＝バロック式の整列美が重視され，「対称性・直線を兼ね備えた広幅員街路とそのパースペクティブ上へのモニュメントの配置」が行われた（図5）。パースペクティブとは，眺望または眺望性を指す。この手法は，「オスマニズム」と呼ばれた。

こうしたオスマニズムはヨーロッパに広がったが，古い地区の急速で大規模な取り壊しを伴ったため，社会からの反発を招いた。パリ市民たちも，その例外ではなかった。オスマニズム以前の古きパリの保全活動の牙城となったのが，1897年にパリ市内部に設立された「古きパリ委員会」(Commission du vieux

Paris）であった。彼らは，オスマニズムによる急速な近代化が進むパリにおいて，実際に町を歩き回り，パリ市民の享受する都市景観を発見すべく，撮影や記録を行った。その上で，ピトレスクであると評価した景観を，保全につなげる活動を行った。ここでも，景観を切り取る作業が行われている。

　この活動の中で，特筆すべき活動が，建築家ルイ・ボニエ（Louis Bonnier, 1856-1946年）により1916年から行われた，『考古学的・芸術的目録』（Casier archéologique et artistique）の制作活動であった。ボニエにより，ピトレスクであると評価された対象を分析した結果，ピトレスクの概念は「多様性・構成・懐古性・自然・地方性・特異性」などを示すということが，明らかになった。自然を対象としていたイギリスにおけるピクチャレスクの概念に，新たに都市における「特異性・多様性」などの概念が加えられたことになる。このことから，ピトレスクが単に歴史性のみを重視する概念ではないことがわかる。

　さらに，同時代の古きパリのピトレスクな景観について語る上で外せない人物が，写真家ウジェーヌ・アジェ（Eugène Atget, 1857-1927年）である。アジェは，オスマニズムの進展により消え行く古きパリを，1897年の「ピトレスクなパリ」及び「古きパリ」シリーズを皮切りに，記録していった。すなわち，ピトレスクな景観を切り取っていったのである。筆者はすでに，アジェの撮影したパリ5区のソルボンヌ地区に関する一連の写真を分析し，アジェが曲線や不規則な街路やオスマニズム以前の建造物で構成された界隈の生活感溢れる景観をピトレスクと評し，撮影していたことを明らかにしている（江口2015）。

　では，単に歴史性を重視するだけではないのであれば，ピトレスクの概念にはどのような新しい景観が許容されていたのであろうか。その答えを探るためには，アジェの撮影した写真のうち，オスマニズムによる大きな改変を受けた地区の1つである6区のノートル゠ダム゠デ゠シャン地区を見てみたい（**図6**）。同地区周辺では，オスマン期にかけて主要な改造として，モンパルナス駅の開設及びレンヌ通りとラスパイユ大通りの整備が行われた。

　アジェの各シリーズからの主要な写真が掲載されているBeaumont-Maillet（1998）には，ノートル゠ダム゠デ゠シャン地区に対して，6件の写真が採用されている（**図7～12**）。

図6　1854年から1871年に実行された街路整備と説明された
　　 1871年のパリの地図（部分）

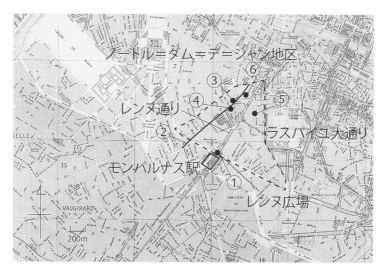

（注）　当時のラスパイユ大通りは，部分のみ建設。
（出所）　Pierre Pinon, Bertrand Le Boudec, *Les plans de Paris-Histoire d'une capitale*, Bibliothèque nationale de France, Le Passage, Atelier parisien d'urbanisme, Paris bibliothèque, 2014, p. 113. に筆者加筆（①〜⑥はそれぞれ図7〜12に対応している）。

図7　雑誌売店，モンパルナス駅
　　 とレンヌ広場（1898年）（図6の①）

（出所）　Beaumont-Maillet（1998: 473）.

図8 クレルモン＝トヌール邸宅，シャルシュ＝ミディ通り（図6の②）

（出所） Beaumont-Maillet（1998: 474）．

図9 シャルシュ＝ミディ刑務所，
　　シャルシュ＝ミディ通り38番地
　　（図6の③）

（出所） Beaumont-Maillet（1998: 475）．

図10 クロワ邸宅厩舎,ルガール通り6番地(1902年)
(図6の④)

(出所) Beaumont-Maillet(1998: 476).

図11 カルム修道院,ヴォージラール通り(1900年)
(図6の⑤)

(出所) Beaumont-Maillet(1998: 477).

図12　シャルシュ＝ミディにて，シャルシュ＝
　　　ミディ通り19番地（図6の⑥）

（出所）　Beaumont-Maillet（1998: 478）.

　6点中5点の写真が，オスマニズムによる街路ではないシャルシュ＝ミディ通り，ルガール通り，ヴォージラール通りの景観である。なお，図8は番地が明記されていなかったため，通りを図に示すのみとした。

　ピトレスクの概念は，古きパリの保全を目指して生まれた。しかしながら，図7では，オスマン期以降に生まれたレンヌ広場とモンパルナス駅のいわば近代化された景観に対して，アジェは切り取るまなざしを向け，撮影している。写真のターゲットは，雑誌売店に向いていると言えるものの，アジェはピトレスクな景観の中に，新たなにぎわいが生まれた近代化された景観も含めていたことがわかる。ピトレスクという概念は多様な含意を持ち，それまでのパリの景観に調和してパリの新しい魅力となるものであれば，新規の要素も含むことができる柔軟な概念へと，進化を遂げたのではないかと言えよう。

第7章　パリの景観保全　　117

4. 景観保全の展開

　パリ市民の景観へのまなざしから生まれたピトレスクの概念は，現在でもパリの景観保全の美の基準として息づいている。

　鳥海（2004）の挙げる例を見よう。13区に位置するビュット・オウ・カイユ地区は，低層の建物で構成され，緑が街路にこぼれ出す村落的な雰囲気を現在でも残している。この地区に対して，当時のパリの一般法定都市計画である土地占用プラン（POS）が，地区に適合し詳細化されたオーダー・メイドの界隈プランが作成された。一般法定都市計画とは，ある地区を対象とする総合的な都市計画であり，都市計画の基礎となる計画である。POSはフランスの一般法定都市計画として1967年に施行された。ビュット・オウ・カイユ地区では，パリのPOS内で，上述の界隈プランが計画された。1970年代から始まった，小路からつながる旧村落的な「ピクチャレスク」な景観の破壊に対して，区長が激怒し，「ピクチャレスク」という概念を主軸とする詳細化されたPOSの修正・策定と，公共空間整備及び住環境改善プログラム事業が行われた。POSの修正の目的として，ピクチャレスクな街路景観の破壊を防止するため，低層の建物と植栽により構成される街路景観の保全が目指された。その結果，この地区は，現在でも多くのパリの若者を惹きつける魅力的な地区として知られている（図13）。

　また，2000年の都市再生・連帯（SRU）法の施行に伴い，前述のPOSから地域都市計画プラン（PLU）への置換が行われた。その際，パリでは2001年から2004年にかけて，住民との事前協議が行われ，住民の意見が都市保全のために参考とされた。2002年に行われた区による分析のための住民との事前協議では，12区レユニオン地区の地区評議会メンバーが，「再開発に伴うこの地区のピトレスクな性質の喪失」について訴えている。地区評議会とは，同年の近隣民主主義法に基づき各地区に設置された，住民参加を目的とした評議会である。このように，「ピトレスク」の概念が，パリ市民の間で共有及び継承され，実際に景観保全の基準として機能している様子が見えてくる。

図13　ビュット・オウ・カイユ地区

（出所）　2018年筆者撮影。

　以上から，パリの新旧の要素が調和した都市景観の基準として，「ピトレスク」という美の基準が市民により醸成され，現在まで共有・継承されていることが見えてきた。日本の景観保全を考えていく上でも，地区ごとに，今後何らかの美の基準が市民から醸成され共有されていくことが，重要であるのではないかと考えられる。

【参考文献】

今村隆男（2007）「ピクチャレスクの変遷：ギルピン『ワイ川紀行』と『ニューフォレスト森林風景』」『彦根論叢』第364号，滋賀大学経済経営研究所，17-33ページ

岩井茂昭（2011）「クロード・グラスに映る「ピクチャレスク」の深層」『近畿大学教養・外国語教育センター紀要』外国語編2(1)，近畿大学教養・外国語教育センター，97-111ページ

江口久美 (2015)『パリの歴史的建造物保全』中央公論美術出版

小針由紀隆 (2018)『クロード・ロラン』論創社

高山宏 (1995)『庭の綺想学――近代西欧とピクチャレスク美学――』ありな書房

鳥海基樹 (2004)『オーダーメイドの街づくり――パリの保全的刷新型「界隈プラン」――』学芸出版社

Beaumont-Maillet, Laure (1998) *Atget Paris*, HAZAN

Eguchi, Kumi (2013) "Study on the Urban Conservation in Paris by the Area Councils," *Changing Cities*, Changing Cities, pp. 1492-1501

Pinon, Pierre (2003) *Atlas du Paris haussmannien*, Le Grand livre du mois

琉球の都市と村落
——集落の形成思想をめぐって——

松井　幸一

> 二元対立的に捉えられがちな都市と村落。しかし琉球（沖縄）には，都市と村落両方の性格を有する地域が，顕著に存在する。琉球の都市と村落は，風水思想および土着の思想に基づいて形成されるために，集落空間・祭祀空間としての共通性を有する。ここでは集落の形成思想と湧水に注目して，この事実を明らかにする。

1. 地理学と〈あいだ〉の研究

　これまで地理学の分野では，都市と地方，農村と漁村など，二元論的な比較研究が数多くなされてきた。しかし地方は一朝一夕で都市化するのではなく，都市化にいたる過程では都市的特徴を持つ地方が必ず存在する。加えて，農村と漁村の両方の性格を持つ村落も少なくない。また都市化を指向しつつも，完全に都市化できずに都市と地方の〈あいだ〉として，両方の機能を保持し続ける集落も存在する。現にニュータウンやベッドタウンなどは，都市的機能が集中しているわけではないので，一般にイメージされる純粋な都市としては分類できないが，農業を生業(なりわい)に生活する住民が主というわけでもないため，農村でもない。同様に農漁村の個人に目を向けると経営規模は小さいが，半農半漁という形態を持つものも少なからずおり，二元論的な区分による分析は必ずしも適切とは限らない。

　本書の理念の1つは，「通態性」（オギュスタン・ベルク）である。「通態性」とは，異なる2極を往来する思考，2者の〈あいだ〉を開く立場である。この観点からみれば，地理学で主に「変容過程研究」としておこなわれるものは，〈あいだ〉の研究であるということができる。すなわち，単純にみえるものの変化

を明らかにする手法，変容する過程においてみられる計画・形・型などの目指す方向性とその意味を明らかにする手法，変容過程もしくは変容後にかつての特徴をいかに保持し続けているか，などの研究である。このような視点からみれば，地理学は二元論的な比較研究の他に，〈あいだ〉研究が数多くおこなわれてきた分野といえるかもしれない。特に，筆者が専門とする村落地理や歴史地理といった分野では，変容過程の分析は主要な研究手法の1つでもある。

本章では，かつての琉球王国である沖縄県の都市と村落を対象とする。琉球では，都市と呼べる規模の集落が首里しかないため，村落と都市という枠組みでみる際には，二元論的な考えによってどこが異なるかという点に着目することが多かった。しかし，琉球の集落には，都市，村落ともに共通した計画・理念・思想が存在するため，それに基づいて造られた都市・村落には，共通したものが必ずみられるはずである。また逆に，都市と村落という機能の違いから，一方にのみ色濃くみられる特徴も存在するはずである。

そこで本章では，筆者がこれまで調査してきた成果を再度整理することによって，都市と村落の〈あいだ〉にある集落形成の計画・理念・思想や風習の共通性と差異を検討し，またその共通性や差異が具体的にどのような形として現れるのかを明らかにしつつ，琉球の集落が広い意味で同一の方向性を持って形作られていることを提示していきたい。

2. 集落を形成する思想

現在の沖縄県の領域は沖縄本島を中心とするが，かつての琉球王国の版図は，東は鹿児島県奄美大島から西は沖縄県与那国島までも含む広大なものであった。琉球王国は複数の島から構成されていることもあり，その規模からみれば小さなものであったが，東シナ海や南シナ海を通じて沿岸国と活発な交易をおこない，東アジアにおける中継貿易の中で重要な地位を占めていた。

各国との貿易活動の中で最も活発だったのが，中国との進貢貿易である。1372年に明王朝との間で開始されて以後，清の時代まで，約500年間にわたっておこなわれた。琉球王国は進貢貿易によって多大な利益を得るとともに，海

外から様々な知識・文化を吸収した。また久米村の久米三十六姓(閩人三十六姓)とも呼ばれる外交や航海，通訳と幅広く活躍した福建省出身の職能集団のように，琉球に定着した中国人も多くおり，中国式の様式や文化・習俗は広く普及していった。特に文化・習俗でいえば，風水思想は基盤となる思想として様々な面に取り入れられている。例えば，首里王府が編纂した地誌『琉球国旧記』の「附(首里)地理記」の項には，「按我首里城。〔中略〕然龍之來歷。氣脈所鐘。誠有可取焉。況夫國殿。立向甚好。殿前輦道。其向與殿不同最妙。且。廣福・漏刻・瑞泉・歡會等門。左廻右轉。曲折不直。皆能得其法寔。〔中略〕首里斯都。萬々世々。決勿改建。〔中略〕」と，首里城は気脈が集まる場所に立地しており，大変良い。また国殿の前の道も湾曲しており，風水の法に適っていると指摘され，首里の都を万世にわたって改変しないようにとの風水判断の記述がみられる。

　首里城の立地は大きく内郭と外郭に分けられ，内郭は15世紀前半，外郭は15世紀後半から16世紀前半に完成したと推定されている。したがって，築城にあたって風水思想を考慮していたかは不明だが，少なくとも『琉球国旧記』が編纂された1731年の時点では，首里一帯は風水の良地形であるとの「読み替え」がおこなわれていた。このように琉球の各地に大きな影響をおよぼした風水思想が，中国から伝播したのはいつ頃であろうか。これには諸説あるが，『琉球国由来記』によれば，康熙6(1667)年に通事(通訳官)の周国俊が，中国の福建で風水を学んだのがはじめとされる。また，吉川(1989)もこれより少し後の『唐栄舊記全集』に風水判断の記述があることから，琉球の風水思想は周国俊によってもたらされた後に定着したと指摘する。ただし進貢貿易の始まる時期を踏まえても周国俊によって風水思想がもたらされる以前に，琉球にもいくらかの風水の基本的な考え方は伝播していた，と考えるのが自然であろう。

　では，風水思想とはどのような考えなのだろうか。ここで取り上げる「風水」は，一般に人間環境の風水(陽基風水)と呼ばれる分野で，さらに細分化していえば，コミュニティの風水である。簡単にいえば，人間がいかに自然環境に適応するかを説明する，当時では最先端の科学的な思想である。首里一帯の読み替えの他にも，風水による集落移動の事例は30を超え，いかに風水判断

図1 「腰当」思想の概念図

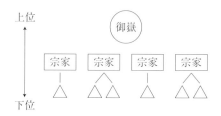

が影響を与えていたかを物語る。また風水日記として残る数少ない史料である『真喜屋稲嶺村風水日記』では、村内の屋敷や門の位置について風水判断がおこなわれており、地形的判断の他にも細微にわたる影響力の強さがうかがわれる。

このように琉球の都城・集落は、その形成段階で中国から流入した風水思想の影響を強く受けたが、集落の形成はこの思想にのみ基づくものではなかった。琉球には元来、「腰当（クサテ）」と呼ばれる思想が存在し、集落形成はこの影響も強く受けている。「腰当」思想は、琉球の伝統的集落において一般的にみられる集落内の空間構造に関する考え方で、「御嶽（ウタキ）」と呼ばれる聖地を最上位に置き、上位に宗家、下位に分家を配置する思想である。この思想に適う集落では、御嶽、宗家、分家の位置が明確に区分され、居住関係は上位から下位に向けての階層性をなす（図1）。つまり伝統的な琉球の集落は、「腰当」に基づいて、家屋が「村の守護神」である御嶽に抱かれるように立地していると解釈される。

したがって、琉球における集落形成の思想を今一度考えれば、琉球は中国からの「知識」や「文化・民俗」が流入した結果、「風水思想」という大きな考え方を導入し、集落形成においても大きな影響を受けた。しかしその実態は、単なる「知識」の模倣ではなく、元来あった「腰当」思想や地域の実情を踏まえた集落形成となっている。つまり、他地域から伝播した思想と元からの思想が混ざり合うことによって、現在の特徴ある集落が形成されているといえる。

3. 集落形成における風水思想

　では，実際にこのような思想に基づく集落形成について，風水思想を事例に都市と村落で比較しながらみていきたい。まず都市と呼べる首里の形成については，これまでにも数多くの先行研究がある。例えば，首里の地形の分析や御嶽と呼ばれる祭祀空間の分布，街路パターンの分析が試みられてきたほか，18世紀はじめに作成されたといわれる「首里古地図」を利用した首里の屋敷地名の位階階層性の分析など，自然的，人文的な様々な面から，首里の形成研究はおこなわれてきた。そのうち風水思想と関係があるものとしては，高橋による抱護林の分布調査が特に挙げられる（高橋2003）。「抱護」とは風水思想の「気」の考え方の1つで，悪い気が外から入るのを防ぎつつ良い気が漏れ出るのを防ぐものである。「抱護」は集落全体を木々で囲む「集落抱護」と屋敷を木々で囲む「屋敷抱護」とに分けられる。

　高橋は，「首里古地図」に記載される林の分布を調査した結果，「首里古地図」に記載された林は，北部と北西部ではほぼ全縁辺，北東部と南部のごく一部ではその辺縁部に存在しているが，それ以外の場所では「首里古地図」の最辺縁部にみられるわけではなく，ある限られた地区を囲繞（いじょう）しているように読み取れると指摘した（図2）。また林が分布する標高から，林の多くは中位段丘上位面の周縁部と石灰岩堤にみられることから，首里城下町の中心地域とでも表現できる地区が，林によって囲まれていることは，かなり重大な意味を物語っているとした。つまり，あたかも重要な中心地区を林によって囲い込むという発想が琉球王国には存在したことを想定し，首里城下町における林は，自然林として残されたものではなく人工的営為がおよんでおり，林の分布は風水思想の「抱護」の考え方に整合するということを指摘した。

　ただしこのような考え方は，都市である首里にのみ適用されたわけではない。図3は，風水における集落の理想型を示している。これをみると，集落は明らかに木々に囲まれており，風水における集落の理想型として，抱護としての林が強く意識されていたことが理解できる。つまり地方村落においても，理想の村落形態としてこの理想型が指向されていたのである。

図 2　林の分布と首里城下町

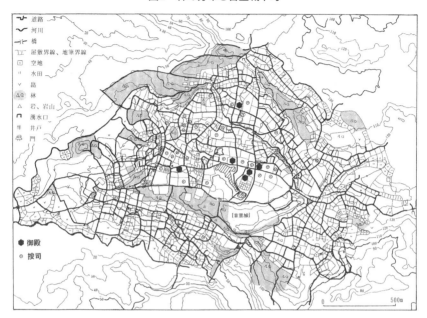

（出所）　高橋（2003）より。

　理想の集落形態の事例として，今帰仁村今泊集落と名護市仲尾次集落を取り上げ，抱護林の分布をみていきたい。図4は，世界遺産今帰仁城跡の麓にあり，城下町的性格を持った今泊集落の空中写真である。この空中写真からは，集落の周囲を木々で囲んでいることがよくわかる。今泊集落は北側（図4では下方）を海に面しているため，この集落を取り囲む木々は防風，防潮の役目も担う。つまり「抱護」，「抱護林」とは単に「気」の侵入と漏洩を防ぐのでなく，自然に対して，いかに人間が住みよい環境を造りあげていくか，という当時の科学的な知恵ともいえる。

　仲尾次集落では，集落に抱護の考え方がいかに残るのかを，筆者が以前調査した「屋敷抱護林」の分布事例から，より詳細にみてみたい。「屋敷抱護林」は，「集落抱護林」より狭い規模の風水思想の現れであり，その分布は，集落のより小さなスケールにおいて，風水思想がどの程度影響を与えているのかを

図3　風水における集落の理想型　　　図4　今泊の空中写真

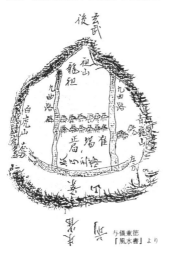

（出所）　町田・都築（1993）より転載。

明らかにすることに繋がる。調査では，屋敷地を大きく東西南北の四面に区分して，それぞれどの場所に「抱護」となる木々が植えられているかを調査した。一般に「屋敷抱護林」としては，本部町の備瀬集落のフクギ並木のように福木（フクギ）が有名であるが，その他にも各種の木々が植えられている。本調査では，一律的に調査をおこなうために，木々の種類にはこだわらず，植樹されているものは全て「屋敷抱護林」とした。また各屋敷地によって，隙間無く植樹するものから風が当たる一部にのみ植樹するなど，その設置方法も多彩であった。そのため調査では，植栽密度にかかわらず，木々が植樹されている場合は，該当する面に「抱護林」有り，として調査をおこなうこととした。この調査を仲尾次において整理したのが，表1と図5である。

調査の結果，調査対象となる全250の屋敷地のうち「屋敷抱護林」を持つのは，全体の80％ほどにのぼり，仲尾次集落において「屋敷抱護林」が，ごく一般的な風景として残存していることがよくわかる。最も多い形態は，屋敷地の1面のみに「屋敷抱護林」を持つタイプで，全体の30％弱がこの形態である。

表1　仲尾次の屋敷抱護林分布

抱護林	戸数	割合 (%)
なし	47	18.8
1面	74	29.6
2面	70	28.0
3面	49	19.6
4面	10	4.0

図5　仲尾次における「屋敷抱護林」の分布

2面に屋敷地を持つタイプも，割合としてはほぼ同様に28％あり，1面と2面を合わせると，集落全体の約60％程度がこの形態におさまる。「屋敷抱護林」を持つ屋敷地は集落全体に存在するが，まったく持たない屋敷地も点在し，それらは国道58号以北に多い。このような偏在の要因は，国道58号以北には市営住宅が建てられていること，戦禍によってこの区域の家屋がほとんど焼けたために，新しい家屋が多い結果だと考えられる。また東西南北すべての4面に

「屋敷抱護林」を持つ屋敷地は，10区画とその数は少ないが，強いて言えば，集落南部に多い。「屋敷抱護林」は風水思想に基づくため，古い屋敷地または風水思想に基づく家ほどよく残っていると考えられるが，調査結果からは，4面に抱護林を持つ屋敷地が必ずしも古いとは限らなかった。このことは，逆に「屋敷抱護」という考えが広く普及しており，特定の家に片寄ることなく幅広く風水の考えを受容しているからだとみることもできる。

4. 湧水分布にみる集落の共通性と差異

　前節では，都市と村落に共通する集落の形成過程を風水思想に基づく「抱護林」という視点からみてきた。ここでは，湧水の分布という視点から，都市と村落に共通性はあるのか，また都市と村落における湧水祭祀空間の性格の差異はどこから生じるのか，をいくつかの事例をもとにみていきたい。

　水は生活に欠かせないものであると同時に，琉球では湧水空間の多くが，今なお都市・村落の区別無く，祭祀空間として機能している。現在，広くは首里と那覇が一体化していることから，首里と那覇を都市としてみれば，いくつの湧水が都市に残っているのであろうか。これを考えるのに適した資料が，1994年に刊行された「那覇市湧水調査報告書」である。この調査報告書は，全142の湧水を対象として，その現況を調査することが水環境保全の一環であるとして，分布や状況，水質，湧水量などの調査をしている。筆者はこのうち自衛隊基地内にある1つを除く全141の湧水から，位置が特定できないものと個人宅で確認できないもの28箇所を除く113箇所を対象として，分析をおこなった。

　図6は，筆者が確認した湧水を那覇・首里地域の地質図に重ね合わせたものである。これをもとに湧水の分布と地盤・地質の関係についてみていきたい。筆者は以前，湧水と伝統的集落の位置関係について多少の検証をおこなった。ここで再度，その確認をおこなう。地質的にみれば，首里・那覇の位置する一帯は，島尻層群泥岩と琉球，石灰岩から構成される台地，およびその境界に当たる。吉川の指摘によれば，この地域の湧水は，不透水基盤をつくる島尻層群泥岩に支配されて，上位をおおう琉球石灰岩中から湧出し，湧水を含めた地下

図6 湧水の分布と地質

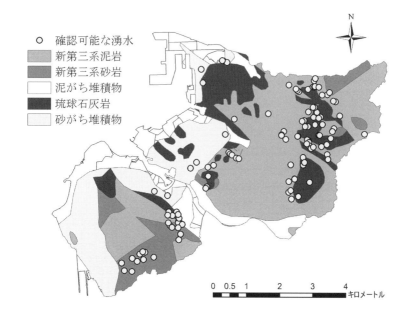

水は島尻層群泥岩の上面構造によって規制される（吉川1981）。この図からは，吉川が指摘するように，湧水の多くが泥岩と琉球石灰岩の境界上に分布していることが確認できる。また空港のある那覇西部地域には砂岩がみられるが，この一帯の湧水もまた多くが泥岩との境界上に分布している。

ではこのような水が湧き出す場所と集落はどのような関係であったのだろうか。ここでは示さないが，大正8年の地図と湧水の場所を重ね合わせると集落と湧水の分布が一致する。つまり集落もまた泥岩と琉球石灰岩の境界上に分布していることが確認できる。したがって戦前から存在していた伝統的集落の多くが，琉球石灰岩の岩堤や断層付近に位置していることがわかる。その要因は，湧水が得られるためであり，湧水の多くは現在も保存されている。生活の根幹をなす湧水を大切にするというこの精神が，上水道が普及した現在も引き継がれ，一部の湧水は祭祀空間となり，また一部の湧水は整備・保存されてきたの

図7 今泊の井戸

(出所) 現地調査および今泊誌編集委員会 (1994),「沖縄県主要水系調査書」より作成。

だろう。

　もちろんこの湧水ポイントは，過去から現在にいたる那覇・首里に存在する全ての湧水を示したものではない。同地域における筆者の踏査によれば，現存する湧水として図には示されず，すでに埋められたが，拝所としてだけ存在する旧湧水も確認できた。このような状況は首里・那覇地区において集落が地下水を得られる場所につくられ，湧水の確保がいかに集落構成の上で重要視されていたかを端的に示している。一方，村落である今泊集落の湧水分布は，どのようになっているだろうか。**図7**は，今泊集落の湧水分布を示したものである。集落内には45もの井戸があり，そのうち8つが共同井戸であった。今泊誌編集委員会 (1994) によれば，1つの集落にこれだけ多くの湧水があるのは，今泊集

第8章　琉球の都市と村落　131

表2 湧水拝所の数

湧水拝所	井　　戸	53
	川・樋川	6
非湧水拝所	御　　嶽	36
	土帝君	5
	殿	4
	火の神	6
	その他	28
総　数		138

落が地質に恵まれていたためであり，海岸縁でありながら，3〜4mも掘れば良質の湧水が出てきたという．当たり前ではあるが，都市でも村落でも水の重要性は変わらないことが，この図6, 7からは確認できる．

　湧水と一口に言っても，その性格は様々である．共同井戸もあれば個人井戸もあり，また「樋」と呼ばれる，水を流す装置も含まれる場合もある．かつての湧水は，現在も「拝所」と呼ばれる祭祀空間として継承される事例が多い．したがって，都市と村落における湧水拝所を調べることによって，都市と村落の湧水の性格の違いや，住人の湧水に対する信仰が分析可能となる．ここでは，首里・那覇の湧水祭祀空間の現状と今帰仁村今泊集落の湧水祭祀空間を比較し，都市と村落の湧水拝所の差異をみていきたい．

　筆者は首里・那覇地区の調査で，これまでに138の拝所を確認してきた．その内訳は，湧水に関する拝所が59箇所，非湧水の拝所が79箇所であった（**表2**）．もちろんこの拝所数は，現状調査の数であって，那覇・首里地区全ての拝所を示している訳ではないが，本章ではここから拝所の傾向を考えていきたい．まず非湧水拝所からみていくと，祭祀空間の中でも最上位の御嶽(ウタキ)が最も多く，36あった．基本的に，1つの集落には1つの御嶽があるため，御嶽の数は必然的に多くなる．それに対して，湧水拝所は拝所全体の約40%程度を占め，現在も湧水が拝所として各集落に残り，祭祀に組み込まれているのがよくわかる．湧水拝所の詳細をみれば，井戸が53箇所，川・樋川が6箇所の計59箇所あり，井戸が拝所として保存されやすいといえる．

　琉球の祭祀空間といえば，世界遺産である斎場御嶽を代表とする「御嶽」というイメージが強かった．しかし，調査では御嶽(36)より湧水拝所の方が多く，全体の40%強を占めている．琉球では，実際に湧水に関する祭祀空間が最も多いのであろうか．ここでは一例として，那覇市の壺屋集落と今帰仁村の

表3　壺屋集落の拝所

名　称	分　類
ビンズルウタキ	ウタキ
東ヌカー	井戸
ミーガー	井戸
ウフガー	井戸
下ヌカー	井戸
番所ガー	井戸
トーヤー	火の神
びんじる女神	ビンズル
ニシヌメ	土帝君，焼物の神

（出所）　現地調査より作成。

表4　今泊集落の拝所

名　称	分　類
プイヌモー	その他
ハサギンクヮー（今帰仁ハサギ）	アサギ
獅子屋	その他
プゥミチ（大道）	その他
フブハサギ（親泊神アシアゲ）	アサギ
セークヤーヌハー	井戸
オーレ御殿	その他

（出所）　今帰仁城跡周辺遺跡Ⅱ，今泊誌編集委員会（1994）より作成。

今泊集落の拝所構成から考えてみたい。壺屋集落は，那覇の陶業村で，集落内の拝所構成をみると集落には9つの拝所があり，そのうち5つが湧水拝所となっている。全体の半数以上が湧水拝所というのは，壺屋集落が陶業村であって，陶業用に用いたミーガーや役人が滞在した番所ガーが含まれることが，強く影響している（表3）。

一方，今泊集落の拝所構成をみると，集落には7つの拝所があり，そのうち湧水拝所は1つだけである（表4）。この1つも，現在は埋められて井戸の跡が残っているだけで，機能していない。

今泊集落ではこれだけ多くの井戸がありながら，本当に拝所となっているのは1つだけなのであろうか。祭祀は大きく国家祭祀・集落祭祀・個人祭祀に分けられるため，これまでの調査・報告書においても，目的，調査対象の違いによって，拝所の数え方が異なる。そこで，昭和63（1988）年に刊行された「沖縄県主要水系調査書（沖縄本島中北部地域）」を確認すると，湧水拝所として4つの井戸が挙げられていた。この4つのうち2つは，ムラガーつまり共同井戸として記載されている。また個人系湧水拝所の1つは，カミンチュミヤーと呼ばれており，カミンチュつまり神人＝祭祀者と何かしらの関係がありそうである。

このような事実を踏まえると，今泊集落の湧水拝所は，共同井戸や祭祀者関係の井戸が起源になる傾向にあると考えられる。ただしこのような傾向は，必ずしも全ての井戸に当てはまる訳ではない。例えば，**図7**に記載されていないものの，埋められた井戸であるセークヤーヌハーで祭祀をおこなっている住民に聞き取りおこなったところ，この住民はかつてこの井戸を産湯に使用したため，現在も祭祀をおこなっているとのことであった。つまり個人祭祀においては，その人の生活環境に深く関わった湧水が拝所として認識されており，湧水拝所は各個人によってその数に違いが出てくるのである。ただしその場合でも，共同井戸や川・池などの共同湧水＋祭祀関係者＋個人に関係する湧水が拝所として認識されており，共同湧水や祭祀関係者の湧水が拝所になりやすい傾向は変わらない。これは，壺屋集落の湧水拝所が全て共同井戸であることからも明らかである。つまり都市でも村落でも，湧水が祭祀空間として認識されていく過程には，共同体意識や祭祀関係者に対する畏怖と尊崇，生活環境に対する尊重など「住民の共通した思い」という共通点があるのである。

5. 都市と村落の〈あいだ〉

　本章では，琉球の都市と村落の共通性と差異について，風水思想，湧水および湧水の祭祀空間という点から検討してきた。風水思想という点からみれば，都市である首里の林は自然林として残されたものではなく，人工的営為がおよんでおり，林の分布は風水思想の「抱護」の考え方に整合するのに対して，村落でも「集落抱護林」，「屋敷抱護林」という風水思想の考えが取り入れられていることが指摘できた。つまり都市と村落においては，集落としての規模の違いは存在するが，その基底にある集落形成の思想は共通のものがあるといえる。もちろん風水思想導入の時期などを考慮すると，首里の地形的な風水判断は，良い方向に読み替えされた部分もあるだろう。しかしそれでも，林の植樹の推進や伐採を禁じていることを考えれば，風水思想を基底に置いていたことは間違いないといえる。

　湧水および湧水祭祀空間の検討からは，首里・那覇における湧水の分布には

地盤，地質が関わっていることが指摘でき，それらは湧水拝所という祭祀空間として継承されていることが確認できた。一方，今帰仁村今泊集落を事例とした湧水分布では，水が比較的得られやすい場所でも，湧水は祭祀空間として残されていることが確認できた。水は生活に欠かせない貴重なものであるため，祭祀空間として認識されるという基本の上に，都市と村落どちらの湧水拝所も，共同湧水＋祭祀関係者＋個人に関係する湧水が拝所として認識されており，共同湧水や祭祀関係者の湧水が拝所になりやすい傾向は変わらなかった。つまり，人々が生活する上での信仰に対する思いは同じであって，都市において湧水拝所が多いのは，都市部にのみ特定の信仰があるという理由からではなく，都市部に祭祀関係者が多く居住するため，湧水祭祀空間の数も多くなったからだと推測される。

　本章では，都市と村落の共通性と差異を地理学的に考えることを主題に，風水思想と湧水を対象として考察をおこなってきた。これまでの検討の結果，琉球の都市と村落には思想に基づいた集落形成という同じような基底があること，湧水の多寡は都市と村落では地盤・地質によって異なってくるが，湧水祭祀の空間へと生まれ変わって継承される過程には，同様の傾向があるということが確認できた。

　これまで二元論的に語られることが多かった都市と村落ではあるが，両者を異なるものと決めつけてみるのでなく，その共通性または〈あいだ〉にあるものを丁寧にみていけば決して都市と村落は異なるものでなく，非常に似通った点があることに気づくのである。

【参考文献】
伊波普猷・東恩納寛惇・横山重編（1942）『琉球資料叢書三』名取書店
今泊誌編集委員会編（1994）「今泊誌」今帰仁村字今泊公民館
高橋誠一（2003）『琉球の都市と村落』関西大学出版部
高良倉吉（1998）『アジアのなかの琉球王国』吉川弘文館
町田宗博・都築晶子（1993）「「風水の村」序論——『北木山風水記』について

──」『琉球大学紀要史学・地理学篇』(36)，99-145ページ

松井幸一（2011）「湧水のコスモロジーと集落構成」『地球』海洋出版，Vol. 33，681-685ページ

松井幸一（2014）「琉球における集落の形成思想と伝統的集落景観──名護市仲尾次集落と稲嶺集落を事例に──」森隆男編『住まいと集落が語る風土──日本・琉球・朝鮮──』関西大学出版部，101-166ページ

松井幸一（2017）「琉球における湧水分布と祭祀空間」新谷英治編『祈りの場の諸相』関西大学東西学術研究所，151-173ページ

吉川博也（1989）『那覇の空間構造　沖縄らしさを求めて』沖縄タイムス社

吉川博恭（1981）『九州・沖縄の地下水』九州大学出版会

古代ギリシャの民主制と理性
―― 都市の思想の源流 ――

中澤　務

> 　都市は，現実の世界の中で多様な姿をあらわすが，その多様性の背後には，都市の理念型としての〈型〉が存在しているように思われる。風景が具体的で多様な〈形〉と一般的な〈型〉の相互媒介から生まれてくるように，都市もまた〈形〉と〈型〉の相互媒介から生まれてくるのだと考えることができるだろう。それでは，都市の〈型〉とはどのようなものであり，どのように現実の都市に働きかけるのであろうか。
> 　本章では，この問題を考察するために，古代ギリシャの都市を具体的な事例として，そこにあらわれる都市の〈型〉の問題を考えていくことにしたい。

1. 古代ギリシャにおける都市の〈型〉

都市の〈型〉と国制

　古代ギリシャの都市には，ひとつのきわだった特徴がある。すなわち，この時代は，都市がひとつの国（都市国家）だったのである。古代ギリシャ人たちがポリスと呼んだ都市は，城壁で囲まれた中心部分と，その周辺の領土によって構成される独立国家であり，人口数千から数万程度の小さな政治的共同体であった。そして，このような特徴ゆえに，古代ギリシャの都市の〈型〉は，政治と密接に関係したものとなる。ポリスは，その空間的構造からして，すでに政治的である。すなわち，ポリスはみな，城壁で囲まれた都市部の中心に，アクロポリス（城砦）とアゴラ（広場）というふたつの重要な政治的空間を持っている。これらの空間は，都市の政治的，経済的，宗教的な活動が展開される公共空間である。そして，その公共空間において，市民たちによって運営される共

同体的営為こそがポリスなのである。

　このように，古代ギリシャにおける都市の〈型〉を考えるときには，都市の政治的〈型〉を無視することはできない。そして，そのような政治的〈型〉とは，具体的には，国の政治制度（国制：ポリーテイア）として姿をあらわすことになる。国制とは，誰がその都市の政治的主体であり，どのように政治的支配をおこなうのかという，都市の政治的支配のありかたを含んでいる。それゆえ，国制は，都市の中で政治的に生きる古代ギリシャ人にとって，きわめて重要な問題だったのである。

都市の多様な〈型〉

　ひとことでポリスと言っても，その国制の姿はきわめて多様である。古代ギリシャ人たちは，ポリスの持つ国制の多様な姿に強い関心を抱いた。たとえば，アリストテレスは，当時のさまざまなポリスの国制の情報を収集し，記録しようとしたが，その数は158のポリスに及んでいる。

　アリストテレスがそれほど多くのポリスの〈形〉を記録しようとしたのは，その多様性の中に，共通する〈型〉を見出そうとしたからにほかならない。じっさい，彼はポリスの国制の研究である『政治学』の中で，ポリスの国制の型を分析し，理論的な一般化をしようとしている（アリストテレス1961）。それによれば，ポリスの国制は，王制，貴族制，共和制，僭主制，寡頭制，民主制の6つの大きな型に分類することができ，さらにそれぞれの型の下には，さまざまな下位分類が存在しているという。

　アリストテレスをはじめ，多くの人々は，ひとつのポリスにおいても，その国制はさまざまな理由によってたえず変転していくと考えていた。彼らが，ポリスの国制のありかたに関心を抱いたのは，こうした国制の変化の理由と，そこから見て取れるあるべき国制の姿を明らかにするためであったと言えるだろう。あるべき国制の探求という課題は，当時の思想家たちに共通する課題であった。

民主制と理性

　本章では、このような都市の政治的な〈型〉の理想像をめぐって展開された思想の流れを、プロタゴラス（紀元前490-420年頃）とプラトン（紀元前427-347年）というふたりの思想家を題材にして考察したい。

　プロタゴラスは、都市国家アテネが大発展を遂げていた時期に活躍したソフィストであり、たびたびアテネを訪問して教育活動をおこない、アテネの知識人たちに多大な影響を与えた。彼は、アテネにおいて民主制が完成された時期に、民主制の社会を基礎づけ正当化する仕事をおこなった。プロタゴラスの構想した民主制の都市の姿は、古代ギリシャの伝統的な理性概念を基盤にしたものと評価でき、そこには、彼が民主制という〈型〉をどのように意味づけようとしたのかが明確にあらわれているのである。

　ところが、プロタゴラスが構想した都市の〈型〉は、歴史の流れの中で、変更を迫られていくことになる。絶頂期にあったアテネは、その後スパルタとの間に勃発したペロポネソス戦争（紀元前431-404年）によって衰退していくことになるのである。この衰退は、政治的な衰退も意味していた。アテネの民主制は、危機的な局面を迎えることになる。

　この時期を代表する民主制の批判者がプラトンである。プラトンは、みずからの哲学的枠組に従って、都市の理想的な〈型〉を、普遍的な理性の力によって構築しようとした。そして、この理性の都市という理念型を媒介として、現実の都市の姿を批判したのである。

　これらふたりの思想家は、現実との関わりの中で、どのような都市の〈型〉を与えようとしたのだろうか。これを描き出すことが、本章の目的である。

2. プロタゴラスと民主制

古代ギリシャの哲学と政治的空間

　プロタゴラスの都市の思想の背景にあるのは、古代ギリシャ文明の独自性を作り出した新しい時代の理性（政治的理性）であると考えることができる。そこで、われわれはまず、古代ギリシャ独特の文化を作り出したこの政治的理性に

ついて概観しておくことにしたい。

　J. P. ヴェルナン (1914-2007年) は,『ギリシャ思想の起源』において, 古代ギリシャに哲学が生まれた背景には, 古代ギリシャ文明が形成した独自の政治の姿があると指摘している (ヴェルナン1970)。彼によれば, 古代ギリシャ文明は周辺のオリエント文明の影響下で成立したものだが, ポリスという独自の共同体の形成を通して, 独自の文明に発展していったのである。

　彼の説明によれば, 古代ギリシャでも, オリエント文明の影響が色濃く残るミュケナイ時代の社会は, 王を中心とした中央集権的な社会であった。しかし, やがて社会構造は大きく変化していき, ポリスという新しい共同体が誕生することになる。このポリスにおいては, 一握りの人々による支配が次第に崩れていき, 支配権が社会階層全体に拡大していった。そして, そのような社会的変化の中で, 都市での社会的関係のありかたに, 大きな変化が生じたのである。そこでは, 社会における対立や葛藤は, もはや限られた権力者の力によっては解消できない。そのような対立と葛藤を解消するためには, 討論や議論を通して相手を説得し, 社会的意思決定を実現する政治的システムが必要となる。そのために, 言葉の徹底的な優位性が確立されていくことになる。すなわち, 政治的決定が, 市民たちの議論と合意に基づいてなされるばかりでなく, 都市の法が市民すべてに共有されるものとして成文化されていく。文字の普及によって, さまざまな知識が言葉を介して共有されるようになると, やがて市民たちは均質化されていき, すべての市民の「法の下での平等」という理念 (イソノミア) が登場することになるのである。

　ヴェルナンによれば, このようにして誕生した新しい政治的理性が, ミレトスにおける哲学の誕生の背後には存在している。すなわち, 哲学者たちは, 都市に存在している秩序と法の理念を, 自然世界 (コスモス) の中に読み取っていった。コスモスもまた, ポリス社会のように, 平等と均整によって支配されており, 自然を形成する諸元素は, 互いに平等な関係を持ちながら, 相互の闘争を通して全体の均衡を実現するのだと考えたのである。

　ヴェルナンによれば, 古代ギリシャに哲学を誕生させた理性は, 近代的な意味での絶対的理性ではない。むしろそれは,「相対的理性」とも言うべきもの

であり，都市の公共空間で実践される，他者と関わりながら他者を言葉で動かすための理性なのである．

プロタゴラスの共同体観と民主制

　プロタゴラスは，アブデラというイオニア都市の出身であり，ミレトスの自然哲学の伝統の中にいる思想家である．プロタゴラスもまた，ヴェルナンが述べているような政治的伝統の中で都市の思想を展開している．

　まず，われわれは，共同体をめぐるプロタゴラスの思想を見ていくことにしよう．プロタゴラスの著作はすべて失われてしまっているが，プラトンはその作品『プロタゴラス』の中に彼を登場させ，共同体をめぐる思想を展開させている（プラトン2010）．そこでプロタゴラスが述べていることは，彼の著作の中で述べられていた主張である可能性が高い．

　その中でプロタゴラスは，共同体の起源と，共同体の中での政治的活動の意味をめぐる壮大な演説をおこなっている．

　プロタゴラスはまず，共同体とはどのように生まれ，何のためにあるのかを，神話に託して説明しようとしている．その神話は，当時よく知られていたプロメテウスをめぐる神話を改変したものであるが，そこには，彼の共同体観が如実にあらわれている．

　彼の語る神話によれば，人間は最初，自然世界を生き延びるすべを持たず滅亡の危機に直面したが，プロメテウスが神々のもとから技術を使う知恵と火を盗み出して人間に与えたがゆえに，人間たちは文明を手に入れて，生き延びることができたという．この有名な神話は，当時の進歩主義的な歴史観を背景にしたものであり，プロタゴラスも，人類の進歩と発展の根拠を技術の使用に求めていたことがわかる．

　しかし，プロタゴラスの共同体論において重要な論点は，実はそこにはない．彼によれば，そのような技術的文明がいかに進歩しても，人類は共同体を形成できなかったというのである．プロタゴラスの神話では，そのために，ゼウスが人間に，共同体を形成するための倫理的資質であるアイドース（謙譲心）とディケー（道義心）を与えたとされている．

アイドースとは他者を尊重する道徳的感覚，ディケーとは社会的規範に従う心性のことであり，いずれも，伝統的に重視されてきた倫理的資質である。プロタゴラスは，これらの資質をゼウスが人間に与えたのだと主張するが，それは，そのような社会的資質が人間本性の一部であることの神話的な表現と言えるだろう。

プロタゴラスによれば，一般的に徳（アレテー）と呼ばれるこのような倫理的能力は，人間が共同体の中で教育されて身に付けていくものであり，どんな人間でも，それらを身に付け，社会に参画していく力を持っているのである。それゆえ，プロタゴラスにとっては，政治には特別な専門家は存在せず，このような資質を身に付けた市民であれば，みな平等に共同体の運営に参画していく権利を持つことになる。それゆえ，すべての市民が議会で発言し，論争を通して政治に参画していくことを認められているのである。

以上のように，プロタゴラスは，市民たちが平等の権利に基づいて言葉を通して社会的参画をしていくことの意味を，原理的に説明しようとしている。彼の考えでは，人間は本性上，民主制的な存在なのである。

人間尺度説

以上のような都市の中で生きる人間に関して，プロタゴラスの基本的な人間理解を示す言葉が，「人間尺度説」と呼ばれる，次のきわめて簡潔な標語である。

> 万物の尺度は人間である。あるものについては，あるということの。あらぬものについては，あらぬということの。

この標語が記されていたプロタゴラスの著書はすでに失われているが，プラトンの作品『テアイテトス』で引用され，伝えられている（プラトン1966）。この標語の意味をめぐっては，古来さまざまな解釈があるが，最もよく知られているのは，プラトンが『テアイテトス』の中で詳細に論じている解釈である。それによれば，この標語が意味するのは，「個々の人間の主観的判断が真理の基

準である」ということである。たとえば，同一の風がわたしとっては冷たいと感じられ，あなたにとっては温かいと感じられたとしても，いずれの判断も真なる判断なのだと主張されている，という解釈である。

　プラトンがこのような解釈を提示するのは，彼がプロタゴラスをみずからの対極にある真理観を持つ思想家だと考えるからである。プラトンの立場では，真理とは，人間の主観的判断（ドクサ）を超越した客観的で絶対的なものだ。それゆえプラトンは，プロタゴラスのこの標語の中に自分とは対極の考え方が提示されていると考え，批判しようとしたのである。プラトンは，自分の解釈が正しいものであることを示すために，この標語で述べられている「尺度」という言葉に特別な意味を与え，それは「真理が決定される場（クリテーリオン）」のことなのだと説明しようとした。

　だが，このプラトンの解釈は，「尺度」の意味を正しく説明していない。プラトンの説明では，尺度とは対象を判断する判断者のことであり，判断者が判断対象を正しく把握したとき，判断は真理となる。ところが，本来の意味での尺度とは，判断者と判断対象の間に介在する第三項のことなのである。たとえば，物差しで何かの長さを測るような場面を考えてみよう。わたしが物差しを当てて計測するまで，それが何cmなのかは明らかでないが，物差しを当てたとたん，その対象は，Xcmのものとして姿をあらわす。このように，尺度とは，対象にあてがうことによって，対象の姿をあらわにする媒介なのだと言える。

　プロタゴラスが言いたいのは，人間も，人間を取り巻く世界（「万物」）に対して，このような尺度として働いているのであり，人間が尺度として働くことによって，世界ははじめてその姿をあらわにするのだということなのである。

　「人間が世界の尺度である」とは，人間が世界の真理の最終決定者だという意味ではない。むしろ，個々人の経験は，世界の真理を解明していく出発点なのであり，その経験を媒介として，はじめて世界の姿は明らかにされていくのだと考えることができる。じっさい，プロタゴラスは，個々人の判断や，個々人の判断の総体である共同体の判断を，よりよい状態に改善していくことができると述べているのである。

　このような考え方は，市民たちが平等な権利の下に，言葉による論争を通し

第9章　古代ギリシャの民主制と理性　　143

て都市のありかたを形成していくという，プロタゴラスの政治理念に合致している。したがって「人間尺度説」とは，市民たちがみずからの都市のありかたを作り上げていくさいの，人間が果たすべき役割を述べたものなのだと考えることができる。

ロゴスと政治

プロタゴラスの残した言葉で，もうひとつ重要なものが，「ロゴス」(言葉)をめぐるいくつかの発言である。プロタゴラスにおけるロゴスは，ヴェルナンの言う，政治的な場面で発揮される理性と密接に関係しているように思われる。プロタゴラスにおける言葉とは，何よりも，人間が論争し，共通の見解を作っていくための道具なのである。

プロタゴラスは，「すべてのものごとについて，互いに対立するふたつのロゴスが成り立つ」と述べているが，この言葉も論争と密接に関係していることがわかる。すなわち，われわれが論争する問題はすべて，最初から意見が一致しているようなものはなく，どんな問題であっても，かならず対立的な意見が生まれるとプロタゴラスは述べているのである。

では，そのような対立は，どうすれば解消できるのだろうか。プロタゴラスは，われわれは「弱いロゴスを強くする」ことができるのだと述べている。これは，弱論強弁を意味するものではない。むしろ，プロタゴラスが言いたいのは，人間が言葉で作り出す議論は，より説得力の高いものに作り変えていくことができるのだということであろう。すなわち，ここでもプロタゴラスは，民主制の社会における論争を通しての意思決定の場面について，発言しているのだと考えられるのである。

以上のように，プロタゴラスにとって，人間とはロゴスを操り，議論する存在である。そして，そのような議論を通して，人々の見解は改善され，よりよい意思決定につなげていくことができるのである。

以上，われわれは，プロタゴラスの思想の全体像を概観した。一言でまとめれば，プロタゴラスの思想は，民主制という政治形態を持つ都市の〈型〉を提

示しようとしたものだといえる。すなわち，人間はみな，ロゴスを持ち，個々人が尺度となることによって，社会に参画しうる存在である。そうした人間ひとりひとりが，平等な政治的権利の下に，論争を通した社会的意思決定に加わることによって，都市の制度や文化がかたちづくられていく。そして，そうやってみずから作り上げた都市の中で生き，その運営に加わることこそが，市民として生きる意味なのである。

3. プラトンと民主制

民主制の擁護から民主制の批判へ

　プロタゴラスとプラトンの間には，60年余りの隔たりがある。この間，アテネはスパルタとの間のペロポネソス戦争によって疲弊し，衰退していくことになる。民主制についても同様であった。プロタゴラスの時代の民主制の力は急速に失われていき，寡頭派との政治的対立が激化していった。そして，敗戦後にはクーデターが勃発し，民主制は廃止されることになるのである。ほどなくして民主制は復活するが，すでに過去の力を失っていた。

　このような状況で，民主制に対する批判は，紀元前4世紀になるとさらに強まっていった。このような時代において，思想家たちは，どのような都市の〈型〉を模索しようとしたのであろうか。これを見るために，われわれは次にプラトンの政治思想を考察していくことにしよう。

　プラトンの哲学は，先行する思想家からの多様な影響の下に形成されたものであるが，政治思想という点では，プロタゴラスの強い影響が認められる。彼の社会観は，プロタゴラスのそれと近似的なものであり，さまざまな部分で共通の発想が見られるのである。しかし，そうした影響にもかかわらず，プラトンの政治哲学は，プロタゴラスのそれとは根本的に異なっている。そして，そうした根本的な違いが，都市の〈型〉をめぐる発想にも決定的な違いを作り出しているのである。こうしたプラトンの立場が最も明確にあらわれた作品として，われわれは次に彼の『国家』を検討していこう（プラトン1979）。

プラトンの理想都市

『国家』における国制論は，まず理想的な国制を合理的考察によって構築していくところから始められる。プラトンとって，正しい状態にある国とは，国の構成要素が完全な調和状態にある国である。その調和した姿を明らかにするために，彼は，都市が成立するために最低限必要な社会階級は何かを考える。彼によれば，それは守護者階級（支配者），補助者階級（戦士），生産者階級（市民）の3つである。そして，これらの階級それぞれが，自分のなすべき仕事に徹して国を運営することが正義であり，そこに調和が生まれるのだとされる。

では，それぞれの階級のなすべき仕事とは何だろうか。まず，守護者階級の役割は，都市を支配することにある。それゆえ，守護者階級は，正しい判断をなして，命令を下さなければならない。また，補助者階級の仕事は，その支配を補助することであり，具体的には国を外敵から守ることである。これに対して，人口の大部分を占める生産者階級の仕事は，守護者階級の支配に服して生産活動に携わることにあるとされる。

では，これらの3つの階層は，どのような関係にあるとき，調和していると言えるのだろうか。プラトンによれば，3つの階層で最も重要なものは守護者階級である。なぜなら，この階級が完全に正しい判断を下すことができなければ，国は正しいことをすることができないからである。それゆえ，3つの階層の調和は，守護者階級が完全に正しい判断と命令を下し，補助者階級と生産者階級がその支配に忠実に従って，それぞれの役割を果たすとき，実現することになる。

哲人王と理性

以上のような理想国の構造からもわかるように，理想国の実現のために最も重要なのは，守護者階級による完全な支配である。そのために，守護者階級に属する者は，厳しい選抜プログラムを勝ち抜き，あらゆる知識を学んで，経験を積み重ねていかねばならない。そして，その結果として，「学ぶべき最大のもの」である善のイデアに到達できた者だけが，支配者の資格を与えられ，哲人王として，交代で支配の任を担うことになるのである。

以上のプラトンの思想においては，哲人王の下す判断の正しさが，支配の成否のすべてを決定する重要な要素となる。そのためプラトンは，この作品において，壮大な知識の理論を展開している。プラトンによれば，人間の知は，感覚に基づいた曖昧で不確実な状態から，感覚を超越した理性的な知の段階に進歩していき，最終的には，理性だけで把握されるイデアの認識に至ることになる。プラトンにとって，真理は，理性によって把握される非感覚的な世界のうちにあるのである。そうしたイデアの中でも，究極的なイデアが，善のイデアと呼ばれるものである。支配者は，この善のイデアの認識に基づいて判断を下さねばならならず，そうして下された判断は，絶対的に正しいものとなるという。

　プラトンが正しい政治的判断のありかたを以上のように考えた背後には，政治的判断はその時々の利害関係や妥協によって下されるべきものではなく，そうした偶然的な要素を排除して，全体としての最善のみを考慮に入れたときに，はじめて正しいものになるという考え方が存在している。哲人王とは，要するに，現実の世界の複雑な姿を的確に捉え，あらゆる可能性の中から，最善の選択肢を理性の力で判断することのできる存在なのである。プラトンの考える「理想都市」とは，このような超人的な政治家を指導者として成立する理性の都市なのだと言えるだろう。

理想の都市と現実の都市

　以上のようなプラトンの理想都市は，実現不可能だと感じられることだろう。じっさい，プラトンもこの理想都市を，完全に実現不可能とは言えないとしても，実現の非常に困難なものとして描いているのである。だが，そうだとしたら，どうしてプラトンは，そのような実現困難な都市の姿を提示しようとしたのであろうか。それは彼が，このような都市の理想型を提示することなしには，人間世界の現実の都市のありかたを具体的に分析し，批判することはできないと考えたからであろう。その意味では，プラトンの描き出す理想都市の〈型〉とは，現実の世界に実現すべきものというよりは，それによって現実の都市を批判し，よりよいものにしていくための媒介だったと言えるのではないだろう

か。

　プラトンにそのような意図があったことは，理想都市の〈型〉の提示後，プラトンが現実の都市の類型化をおこない，それぞれの都市の〈型〉の特徴を，理想型からの逸脱として描き出している点からもうかがうことができる（プラトン（1979）第8巻1章〜第9巻3章）。

　プラトンによれば，彼が「優秀者支配制」と呼ぶ理想都市の〈型〉において，最も困難なのは，そこで述べられていたような完璧にすぐれた支配者（哲人王）による完璧な支配を実現することである。なぜなら，現実の世界においては，そのような理想的な支配者を育成することは困難であり，それゆえ，3つの階級の間に成立するはずの完全な調和は，たやすく崩れていくからである。こうして，3つの階級の間に対立と争いが生じ，その結果として，理想の国制は，まず名誉を尊ぶ人々による名誉支配制に移行し，その後，金銭を尊ぶ人々による寡頭制（すなわち一部の金持ちによる支配）へと移行していくことになる。だが，そこではさらに，持てる者と持たざる者の間の対立が生まれ，その結果，市民すべてが政治的権力を手にする民主制が登場することになる。ところが，この民主制は，そこに人心掌握に長けた独裁者が登場して民衆に支持されれば，容易に僭主独裁制という最悪の国制へと転落していってしまうものなのである。

4. 2つの理性のはざまで

　本章では，古代ギリシャにおいて展開された，都市の〈型〉をめぐる議論に注目し，都市のあるべき〈型〉が，民主制という都市の現実の姿との関係の中で，どのように提示されてきたかを検討した。

　プロタゴラスの構想した都市の〈型〉は，古代ギリシャの伝統的な理性の概念を基盤にして，民主制における人間のありかたと，そこでのロゴスに基づく政治的活動の意味を描き出すことによって成立していた。プロタゴラスは，このような都市の〈型〉を提示することで，民主制の都市が持つ意味を提示し，その正当性を主張すると共に，その理想的な姿を描き出そうとした。これは，現実の民主制が絶頂期にあり，人々がそこに希望を見出せた時代だからこそ提

示されえた都市の理想像だと言うことができるだろう。

　だが，その後の歴史の流れの中で，伝統的な理性の力は失われ，民主制は大きな危機を迎えていくことになる。そのような中で，プラトンは，絶対的な理性に基づく新しい都市の〈型〉を構想し，理性の都市という普遍的な理念型を示そうとした。そして，そのような理念型を媒介として，現実の都市，とりわけ民主制の都市の姿を厳しく批判していったのである。そして，このような新しい理性の都市の登場により，古代ギリシャの伝統的理性の姿は，大きく変容していくことになるのであった。

　こうして，その後の西洋の都市の思想においては，伝統的な政治的理性の理念は忘れられ，プラトン的な理性に基づいて構築された理性の都市が，理想都市の典型となっていくことになった。モアの『ユートピア』，ベーコンの『ニュー・アトランティス』，カンパネッラの『太陽の都市』など，いわゆるユートピア文学の伝統に属する思想は，多かれ少なかれ，このプラトンの都市論の伝統の中にあると言えるだろう。

　以上のようにして形成された都市の思想は，現在では，古代ギリシャの伝統的都市観として定着し，市民権を得ている。しかし，われわれは，プラトン以前に，古代ギリシャの伝統に根差したもうひとつの都市の思想が存在していたことを忘れてはならないだろう。それは，プラトン的な理性の限界が指摘されている現代において，都市の〈型〉のもうひとつの選択肢になりうるものではないだろうか。

【参考文献】
アリストテレス（1961）『政治学』山本光雄訳，岩波文庫
ヴェルナン，J. P.（1970）『ギリシャ思想の起源』吉田敦彦訳，みすず書房
プラトン（1966）『テアイテトス』田中美知太郎訳，岩波文庫
プラトン（1979）『国家（上下）』藤沢令夫訳，岩波文庫
プラトン（2010）『プロタゴラス』中澤務訳，光文社古典新訳文庫

第10章

関一と「大大阪」
―― 田園都市思想の実践 ――

河野　康治

> 20世紀初頭の「大大阪」計画を推進した立役者関一（1873-1935年）。関が日本に導入しようとした「田園都市」「田園郊外」の思想とは何か。それらを日本の都市設計に適用するには、困難な土地区画整理事業を成し遂げることが不可欠だった。「大大阪」の理念と現実を、実際の展開に沿って明らかにし、大都市のあるべき〈型〉とは何かを考えたい。

1.「田園都市」と「田園郊外」

「田園都市」の概念は、エベネザー・ハワード（1850-1928年）が1898（明治31）年に『明日――真の改革にいたる平和な道――』（1902年に『明日の田園都市』と改題）で提唱したものである。ハワードは、産業革命による都市への人口急増、衛生問題、住宅供給問題、環境問題、等を経験していたロンドンで生まれ育った。実業家であり、社会改良家であった彼は、これらの都市問題を解決すべく、人々が自然の中でコミュニティを大切にした豊かな生活が送れるように、都市の良いところと農村の良いところを相互補完する「都市と農村の結婚」という発想のもとに、ユートピア思想の系譜に立つ「田園都市」を提案した。

その理念は、日端（2008：215-216）によれば、次の6点にまとめられる。①都市と農村の長所の結合――都市に欠くことのできない要素として農地を永久に保有し、このオープンスペースを市街地の拡張を制限するために利用する、②土地の公有――都市の経営主体が土地をすべて所有し私有を認めず、借地の利用については規制を行う、③人口規模の制限――都市の人口を制限する、④開発利益の社会還元――都市の成長によって生ずる開発利益の一部をコミュニティのために留保する、⑤自足性――当該都市人口の大部分を維持することので

きる産業を都市内に確保する，⑥自由と協同——住民は自由結合の権利を最大限に享受しうる。

　ハワードは，1899（明治32）年に「田園都市協会」を設立，つづいて1903年に「第一田園都市株式会社」を創設し，ロンドンの北方54kmの土地約1550haを買収して，最初の田園都市であるレッチワースを実現させた。

　レッチワースでは，鉄道駅からすぐ近くに，中心の広場から放射状型に市街地が広がり，住宅，道路，公園，広場，樹木や工場，商店街等が計画された。土地は会社の所有であるものの，余剰利益は都市や住民に還元された。市街地周辺は，農地で囲まれることによってスプロール（無秩序・無計画な宅地開発の広がり）が防がれた。このように，ここでは田園都市の理念がかなり忠実に再現されたことがわかる。

　しかし，ハワードの目指した社会的均衡の実現はここでは達成されず，結果的に富裕層のみが住むことになった。とはいえ，この成功によって1920（大正9）年，ロンドンからより近い位置の，ロンドン北方36kmに，第2の田園都市ウェルウィンが建設された。ウェルウィンは，ハワードの田園都市理念の1つであった自足型（自立型）の都市ではなかったものの，レッチワースよりもロンドンに距離的に近かったこと等の理由から，のちに大都市ロンドンの衛星都市として機能することになった。

　レッチワース田園都市の設計者であるレイモンド・アンウィン（1863-1940年），バリー・パーカー（1867-1947年）は，1907（明治40）年に，ロンドン中心部から約6kmのところに，ハムステッドを設計していた。これが「田園郊外」と呼ばれるものである。「田園郊外」とは，いわゆる大都市（母都市）郊外の住宅地を表し，都市部（母都市）への通勤者が多く生活する衛星都市を意味する。「田園都市」が自足型都市を志向していたのに対し，「田園郊外」は大都市（母都市）周辺部の依存型都市であるといえる。

　イギリスで生まれ育ち，ハワードと同じく，産業革命以降の都市問題を経験していたアンウィンは，ラスキン（1819-1900年），モリス（1834-1896年），ジッテ（1843-1903年）などの影響を受けていた。そして社会改良家として人間性重視の住宅供給，特に労働者階級向けの住宅基準を具体化することを志向してい

た。この考えは，レッチワース田園都市やハムステッド田園郊外での実践，ヨーロッパの中世都市を参考にした改善策提案，そしてイギリス「公衆衛生法」による条例住宅への批判などに見受けられる。

　「田園都市」および「田園郊外」の理論は，世界各国に多大な影響を与えたが，実現に至ったケースとしては「田園郊外」の方が多い。つづいて取り上げる関一の「大大阪」計画は，「田園都市」「田園郊外」の両方から影響を受けて着想された。

2.「大大阪」の構想

　関一(せきはじめ)は1873(明治6)年，静岡県伊豆に生まれた。1893(明治26)年に東京高等商業学校(現一橋大学)を卒業後，大蔵省監督局銀行課に勤務し，1894(明治27)年に兵庫県立神戸商業学校教諭の職に就いた。1896(明治29)年には，新潟市立商業学校校長兼教諭に就任する。1897(明治30)年からは，母校の高等商業学校の教授となった。経済学，社会政策(都市計画含む)が専門であった関は，労働者問題や都市の在り方に深い関心を抱く。1898(明治31)年〜1901(明治34)年のベルギー留学，明治大学商学部講師，東京商業学校復職，等を経て，1913(大正2)年6月に『工業政策』下巻を出版する。

　本節では，「大大阪」構想(計画)形成に深く関わりのある関の(1)東京高等商業学校時代(1897-1913年)，(2)大阪市助役時代(1914-1922年)，の2つの時代に焦点をしぼり，関の著書等を手がかりに「大大阪」構想(計画)のプロセスを追っていきたい。

(1)高等商業学校時代 (1897-1913年)

　この時代に「田園都市」について書かれたテクストは，1913(大正2)年1月の論文「花園都市ト都市計画」，同年6月の『工業政策』下巻の2点である。特徴的であるのが，「田園都市」について非常に早い時期から正確な理解を示していることである。日本に「田園都市」という言葉が一般に広がったのは，1907年の内務省地方局有志『田園都市』からだが，その意味を正確に把握し

ているものは少なかった。それぞれが意味を勝手に解釈し、「田園都市」という言葉だけが一人歩きしていた。ベルギーでの留学経験、またフランス語、ドイツ語、英語の原著で学んだ経験が生きているのか、関はこの2つのテクストの中で、すでに「田園都市」を正確に理解し、種類別に分けていた。つまり、

① 花園都市（田園都市 Garden City）――都市部と農村部の利点を併せ持つ工業、農業、住居が目的の独立都市の建設により、都市部への人口集中を防ごうとする国民的運動の方法。

② 花園近郊（田園郊外 Garden Suburb）――都市部への人口集中による農村人口の減少が引き起こす経済的弊害を解決するまでには至らないが、大都市の人口集中を緩和するために必要なもの。

③ 花園村落（工業村・田園村 Garden Village）――小規模の花園都市であるが、周囲に農業地帯はなく、また上下水道、電灯等は近くの都市に依存する。

の3つである（関1913a：30-31）。しかし関は、ハワードの田園都市理論を正確に把握した上で、理想主義的であると批判する。なぜなら、田園都市をほぼ完全に実現できたものは、レッチワースだけで、それ以外に実現できているものは、「花園近郊」（田園郊外）および「花園村落」（工業村・田園村）にすぎないからである。それらを含めても、大都市の人口吸収状況は、ハワードの計画からは程遠い、と関は判断したわけである。ただ、ハワードから始まった田園都市運動の意義は大きく、都市の構成に新たな理想を示したと述べている。

関の理解では、田園都市運動は以下の4つの意味に集約される。①都市の住宅密集地を道徳的衛生的美観的な基準から、市民、特に下層階級のために改良し、供給する、②工業偏重の傾向を抑制し、工業と農業が協力することで、農業衰退を防ぐ、③田園都市によって都市部への人口集中を防ぎ、都市部と農村部の人口バランスをとる、④土地投機による地価の暴騰を防ぎ、社会的安定をはかる（同：36）。

以上のように、関はこのような都市の〈型〉が、大都市の住宅問題の解決に大きな効果を発揮するものであるとし、日本の大都市である東京、大阪の市行政関係者や市民も、これを深く研究する必要があると述べている。大都市をめぐる議論がまだなかった時代から、関は大都市の人口分散、住宅供給問題（特

に労働者階級のための）解決のために，田園都市理論が有効であると考えていたのである。

(2)大阪市助役時代（1914-1922年）

　1913年に大阪市長が池上四郎に変わると，京都帝国大学の戸田海市と東京高等商業学校校長の小山健三を介して，1914年に関が大阪市助役として招聘された。関にとっても，東京高商吸収合併問題を抱えていた高商に留まるよりも，自身の研究を大阪の地で実践してみたいという思いもあったのであろう。

　この時代に発表されたのは，講演「タウン・プランニングに就いて」(1915.12.16) および新聞記事2点，「都市と住宅問題」(1918.1.3)，「都市住宅問題　如何にして之を解決すべきか」(1919.1.1) である。

　1915（大正4）年の「タウン・プランニングに就いて」の中で，関は，大阪市の市街は明治30年編入以前の旧大阪（中央部）は整然と区画整理がされているのに対し，その周辺部の編入後の市街地は，近代所有権の自由の影響で，乱雑な町並みが広がっている，そのために市区改正計画（道路計画）をするにも困難である，と指摘している。そして現在水田である大阪市の土地も，人口の流入によって宅地化されることは明らかだが，東京市にある市区改正設計の制度すらないのが，現状であるとして嘆いている。

　その上で，日本も西洋諸国のタウン・プランニングのように，都市の規模に応じ，機能別に区画を定め，道路や交通機関を計画してから建築を行うように，法制度を整えていくべきであると主張している。つまり用途地域制（ここでは，1913年にベルギーの国際会議で提案された行政官庁所在地域・商業地域・住居地域・工場地域という区分を挙げている），道路計画，交通計画等の総合的な都市計画制度の必要性である。さらに，行政区域が違うことで起こる隣接町村と都市部の設備の落差を防ぐため，大都市周辺の町村を含めた都市計画制度の研究および制度化の必要性も訴えている。

　1918（大正7）年の「都市と住宅問題」において，関は，田園住宅地と都市部を交通で結ぶことで人口分散化を図っている欧米の田園都市を紹介し，それに関連して日本の実情にふれている。すなわち，阪神電鉄等の事業によって郊外

人口は確かに増えているが，結局そこには経済的に余裕のある富裕層しか住めず，中下層階級もしくは労働者階級にとっては通勤にかかる往復の交通費さえ払えず，都市部に住むしかない実情を，田園都市の欠点である，と。そして，ある一定水準の郊外住宅地を計画的に整備することで，この問題を解決すべきである，という結論を主張している。

「都市住宅問題 如何にして之を解決すべきか」では，地価の高騰を防ぐための税制度や家賃高騰防止のための土地政策とともに，市内と市外を結ぶ高速交通機関の発達によって田園都市または田園郊外を建設すべきである，と関は主張する。また都市計画は，都市を1つの有機組織として改善する方法であるとした上で，道路・公園計画，用途地域制，住宅政策との整合性も必要だと説いている。

つまり，この時代の関は，ヨーロッパ各国の都市計画の事例を参考にしながら，大阪市に合った具体的な制度を検討するかたわら，都市全体についての構想としては，関が目指す中下層階級および労働者階級の住宅問題の解決策として，田園都市の思想をどう都市計画にアレンジしていくべきかに腐心していた。このように関は，電鉄会社の田園都市とは異なる方向性を模索していたといえる。

1921（大正10）年11月に書かれた「英国住宅政策及都市計画」（関1923）は，関の田園都市思想の1つの転換期といえる特徴を持っている。それは，「田園都市」と「田園郊外」を全く別物と考えていること，ハムステッド田園郊外を設計したレイモンド・アンウィンの考えを評価する表現が多くなること，等である。同論文の中で関は，「ハワードの田園都市の理想は其儘には実現することが困難であるが，田園都市が田園郊外となり，都市計画となつて住宅改良を促したことは疑を容れないこと」（同：267）と述べている。「田園都市」の思想が，「田園郊外」の理論を産み，都市計画理論へと発展し，イギリスの住宅問題の解決につながったという理解である。

また同論文において，1913（大正2）年にベルギーのガン市で開催された都市国際会議でのアンウィンの報告を引用し，「大都会と其周圍に散在して一大系統に包含せらるべき郊外小都会との関係を恰も太陽系に於ける太陽と衛星との

関係の如くならしむることを理想」とするものと理解し,「將(まさ)に大都市に於て都市計画の実行に着手せんとする本邦に於て其基調を孰(いず)れに求めむとするかは深思熟慮を要する大問題である」(同：272,ふりがなは引用者による)と考え,日本の大都市問題で大いに参考すべきとしていた。アンウィンの田園郊外論・衛星都市論が,都市全体の都市計画を考えるきっかけになったと評価しているのである。

翌年の「田園都市」において,関は「「田園郊外」と云ふものは,大きな都市の周囲に発達して行く新しい豫定地に就いて一定の計画を立て,而して,将来に於ける住宅問題の弊害が起らないやうに」(関1922a：13)すべきであるとの議論を展開する。さらに関は,「即ち,衛星たる都市を設けて,其間に,完全なる交通機関が連絡して行く,斯う云ふ都市が,我々の,将来に於る理想的都市の状態ではあるまいか」(関1922b：9)という「田園郊外」論,「衛星都市」論を展開している。

3. 土地区画整理事業

土地区画整理事業の意義

講演「タウン・プランニングに就いて」において,すでに関は,「日本の耕地整理法と趣旨を同じくする」プロイセンにおける市街地整理に関する法律として,「アジケス法」を次のように紹介している。すなわち,「一区域の土地に就きて地主多数の同意あるときは之を共有地として街路の拡張を行ひたる後,従前の所有割合に応じて再び土地を分配す方法」(関1917a：164)と。またフランスとベルギーで行われていた土地収用制度は,「地帯的土地収用法 (expropriation par zones) と称するものにして予定の道路敷のみならず其の両側の家屋建築地たるべき部分をも加えたる地帯を収用し,其の中間に道路を設くるときは両側の土地の価値が騰貴するが故に,市は之を売却して道路建設費の一部に充当するものなり」(同：165)と紹介している。この時点で,関がヨーロッパの土地区画整理制度と土地収用制度について研究を行っていたことがわかる。

これを承けて,関は1917(大正6)年には,「市街地区画整理制度及地域的土

地収用制度」(関1917b)を発表した。その趣旨は,「既に市街地として建物の密集せる部分」つまり旧市街地と,「将来市街地たるべき」新市街地の双方にわたる土地区画整理制度整備の必要性を説くことにあった。

　1918 (大正7) 年の「大阪市街改良法草案」(関が起草の中心人物と考えられる) は,土地区画整理制度の設置という,それまでの東京市区改正条例とは大きく異なる特徴を持っていた (渡辺1993：158)。関が「主張が斯様に実現したことは愉快に堪へぬ所である」(関1923：3),という通り,翌年の「都市計画法」における土地区画整理制度に反映された可能性がある。

　土地区画整理制度は,「大大阪」実現にとって欠かせない制度であった。これを田園郊外・衛星都市の考え方と組み合わせれば,"大都会","1つの大きな都会","太陽系に於ける太陽"の"其周囲に散在して一大系統に包含せらるべき郊外小都会","小さな中心点を有つて居る所の小さな住宅地","衛星たる都市"(実際は"惑星たる都市"が正しい),すなわち土地区画整理事業の位置づけとなり,"完全なる交通が連絡"することで1つの有機体ができあがる。つまり,「大大阪」実現の理論ベースは「田園郊外・衛星(惑星)都市の理論」と「土地区画整理の理論」を"分散主義"的に組み合わせることで成立する。すなわち,中心となる旧市街(＝太陽系の太陽あるいは大都会)と,小さな中心点である郊外小都会(＝衛星(惑星)都市,土地区画整理事業地)を「交通」で結ぶことで,「大大阪」が成立すると考えることができる。

　旧市街地の周辺部に,あたかも太陽系の衛星(惑星)のように土地区画整理地区を配置することにより,全体として急増する人口を市外であった第2次市域拡張区域(旧市外)で吸収しながら,大きな1つの有機体としての「大大阪」を実現させようとしたのである(**図1参照**)。

　さらに拡張区域(エリア)ごとに分けると,**図2**のようになる。旧市街が区画整理された町並み (A) であったにもかかわらず,明治以降第1次拡張計画で市に編入されたエリア (B) は乱雑であったため,関はその反省を活かし,第2次拡張計画によって市に編入される予定のエリア (C) について,集中的に土地区画整理の整備を急いだのであった。比喩的にAを太陽とすると,その周りを周る内惑星(衛星)B,そしてその外側に外惑星(衛星)Cがあるという構図

図1 関一の"大大阪"概念図

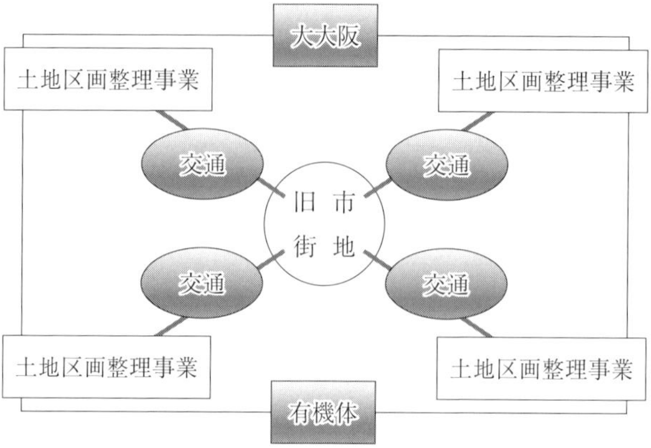

（出所）筆者作成。

である。

都島土地区画整理の意義

　実際に土地区画整理がどのように実現されていったかを見ていきたい。「都島土地区画整理組合」は，1925（大正14）年2月組合設立認可申請を行い，同年5月に組合設立認可を受け誕生した。都島は，第1次市域拡張区域内と第2次市域拡張区域内に跨って位置し，大阪市が積極的に関わったという点で，都島土地区画整理事業は非常に重要な意味を持っていた。

　都島土地区画整理事業の意義は，「田園郊外」「衛星都市」を第1次市域拡張区域内に作ることで，その後編入予定であった第2次市域拡張区域への波及効果が期待できると考えられていたところにある。関は，第2次市域拡張区域のスプロールを防ぐため，編入前に旧市内（**図2**のエリアA+B）の中に土地区画整理事業のモデル地区を作ることを意図した。都島土地区画整理事業が，第2次市域拡張前の市内に位置することは，大阪市の影響力を行使する上で好条件であったし，市内の都市計画事業と連携していく上でも理想的な条件下であったのだろう。大阪市都市計画部次長，大阪市助役を歴任し，都島土地区画整理組

図2　大阪市の市域拡張区域

A：旧市街
　（明治22年4月市政施行）
B：第1次市域拡張区域
　（明治30年4月編入）
C：第2次市域拡張区域（大大阪）
　（大正14年4月編入）

（出所）　筆者作成。

合長を努めた瀧山良一は，土地区画整理事業の「模範を示し新市域編入の暁は之に見習ひ区画整理を行はしめ新市域の混乱状態に陥るのを防ぐ」（大阪市都島土地区画整理組合1939：91）という理由から，関市長がこの地域に目を付けたと語っている。

　都島地区がモデル地区に選ばれた理由は，大きく3つあった。1つ目は，市内の最端部に位置し，市外的（田園的）要素を多く残した土地で，桜宮水源地移転後の広大な跡地を確保できる可能性があったことである。大阪市土木部道路建設課敷地係長であった西川太三郎は，「この水源地移転がこの地をして従来の農耕地としての利用を市街地としての利用に転換せしむる最初の動機を作」（同：66-67）ったし，「既に博士の脳裡にはこの地の将来の発展を予想され」（同：66-67）ていた，と回想している。

　2つ目の理由は，都島方面に下水道事業を行うタイミングだったことである。大阪市では，1922（大正11）年6月以降，3期にわたる都市計画下水事業の認可を内閣から得ていた。都島区画整理事業が認可されたのは，1925（大正14）年5月で，ちょうど第2期都市計画下水事業が進んでいた時期であった。関は，下水道事業と併行して区画整理を行う事の経済的合理性を考えていたのである。

　3つ目の理由は，「交通」であった。関が都島に目を付けたのも，近い将来，

都心部とこの地区を結ぶ（太陽と惑星（衛星）を結ぶ，つまり旧市街地と新住宅地を結ぶ）交通の発達が見込まれる地区だったからである。この点に関して，前出の西川は，「該水源地跡には都島市電車庫の建設を見ると共に又一方省営淀川駅の設置あり，次いで都島橋竣工に伴ふ市電の敷設に依り都心部への交通開け，漸く市街地としての発展軌道に乗つた」（同：67）と述べている。

以上，大きく3つの理由から選ばれた都島地区の事業は，関が考えていた通り，土地区画整理事業のモデルとなり，第2次拡張区域を中心に他の地区へ広がっていった。もし都島の成功とその後の広がりがなければ，関の「大大阪」構想は失敗に終わっていたであろう。

都島で組合長を経験した瀧山が，「その後府市の援助の下に，数十の組合が大阪に出来たが，よく都島のことを参考にされたこともあつた。又かの大阪駅前区画整理に就ても，関さんが私に愚見を徴されたこともあり，何れも都島の経験を聴かれたのである」（同：93）と回想しているように，都島土地区画整理事業の経験は，その後の大阪における多くの区画整理事業に活かされていったのである。

4.「大大阪」計画の総括

関は，田園都市の思想をヒントに，大都市の〈型〉がどうあるべきか，大阪市の実情にあった「大大阪」の理想的な〈型〉とは何か，について長年研究を重ねてきたといえる。その答えが，レイモンド・アンウィンの田園郊外理論，衛星都市論をベースとし，市内を太陽と見立て，その周縁部（編入予定地）に郊外都市（衛星都市）を土地区画整理地区として配置しながら，編入後のスプロールを防ぎ，その間を「交通」で結び市内に急増していた人口を吸収するという，郊外開発の〈型〉であった。

この理論は，当時まだ日本に存在しなかった制度設計と，都島のような実践の成功なくしては実現しなかった。そしてそのような〈型〉を適用することで，労働者階級もしくは中下層階級の住宅供給問題をどう解決できるかが，関の最大の関心事であり，その答えを土地区画整理事業に求めていたと考えられる。

そしてそのヒントになったのが，モデルとして取り組んだ都島土地区画整理事業である。

当時都島土地区画整理の設計に関わっていた技師の辻村建二が，「本地區は将来中層住宅地化せんとする地方とした，貸地借家経営上の経済的方面より推究すると，不合理であるとの説」があり，「裏道九尺の設計を二間道に拡張して，一般の街路とし之にも間口を向はしむる宅地を作り，奥行は二分の一にせられて一宅地の奥行は八間前後となり，街廓の根本方針が変更した」と語る。このため「中層階級の住宅，商店に適し発展が比較的速くなった傾向は確に」（同：32）認められたようである。敷地の奥行きを半分に設計しておいた方が経済的にも借り手が早くつくし，より多くの中層階級が住む住宅地として機能しやすい，という理由から街区の設計変更を言い渡されたエピソードは，まさに土地区画整理事業で，労働者階級もしくは中下層階級の住宅供給問題を解決しようとする関の意向が反映されたものであるといえる。

関が東京高等商業教授時代から，労働者階級もしくは中下層階級の住宅供給問題の対応策として研究しつづけた田園都市理論。その実践が，大阪市の都市計画，土地区画整理等の制度設計となった。大都市大阪の将来をめぐる議論が活発な今こそ，かつて関一が「大大阪」実現に向けて，研究・実務・実践を着実に積み重ねて実現したこの大阪市の近代化について，我々は再考すべき時なのかもしれない。

【参考文献】
大阪市史編纂委員会（1994）『新修大阪市史第6巻』大阪市
大阪市都島土地区画整理組合編（1939）『都島土地区画整理組合事業誌』
関一（1913a）「花園都市ト都市計画」『法学新報』第23巻第1号
関一（1913b）『工業政策』下巻，寶文館
関一（1917a）「タウン・プランニングに就いて」『神戸経済会講演集』第1号
関一（1917b）「市街地区画整理制度及地域的土地収用制度」『国民経済雑誌』第23巻

関一(1922a)「田園都市」『建築と社会』5集-11
関一(1922b)「田園都市(再び)」『建築と社会』5集-12
関一(1923)『住宅問題と都市計画』弘文堂書房
日端康雄(2008)『都市計画の世界史』講談社
渡辺俊一(1993)『「都市計画」の誕生——国際比較からみた日本近代都市計画——』柏書房

田舎家の〈縁〉
―― 再発見・再利用された民家 ――

土屋　和男

> 近代に特有な和風住宅のひとつに、「田舎家」がある。一見して近代化・都市化に逆行するかのごとき田舎家が、なぜ建てられたのか。風土の本質に関係するこの問題の追究から、建築における再生・転用というテーマが浮かび上がってくる。

1.「田舎」と田舎家

　現代では、「田舎」を一方的に悪い意味で使うことは少なくなったようだ。環境意識の高まりもあって、「田舎」は理想の場所とさえ言われることがある。しかし田舎は、いつの時代も同じように「田舎」ではない。「田舎」への評価は、近代化・都市化と裏腹の関係にある。

　辞書を見ると、田舎は「都会から離れた土地」とあって、都市との関連から定義されている。英語のcountryも「(都市の)反対側の土地」という語源をもつ。田舎は都市の文化の合わせ鏡として、その価値が変動してきたのだ。単なる土地ではなく、文化的な価値観を反映した土地として田舎を考えるという態度を、「都市の反対側」は意味している。

　現代において「田舎」が評価されるのは、都市的・人工的な文明に疑いと翳りが見えていることの裏返しである。それは同時に、かつての田舎でも、人々の生活が都市化したことを示している。車でショッピングモールに行けば、たいていのものは手に入るし、新しく建つ家は、どの地方のものかますます見分けがつかなくなっている。近代化が地方にも行き渡り、だれもが便利さを享受できるようになったのと引き換えに、「田舎」の環境と景観は失われていく。

そうした「田舎」のよさを評価し，その消失を嘆くのは，そこに根ざしていない都市の人であるというのも，古今東西の通説である。ここには，願わくは便利さを手中にしたまま，「田舎」を維持し，復活させることができないか，という矛盾した思いが潜んでいるわけだが，これは地球規模での持続可能性の問題を，個人住宅のスケールでスタディしているようなものである。

　田舎は，どのようにして理想の場所になったのか。田舎の家であった民家は，どのような意味において理想の住まいになり得るのか。そのルーツと現代的な意義を考えてみたいというのが，本章の目論見である[1]。こうした意図から，とりわけ「田舎家」に着目したい。

　田舎家とは，日本で近代化が進んだ明治中期から昭和戦前期を中心に，富裕層や文化人によってつくられた住宅のひとつのタイプである。田舎家は古い民家を移築し，手を加え，別荘や茶室として改修したもので，しばしば理想的な田舎家と目される民家は，かつて庄屋を務めたような草葺きの大きな家で，これを地方から探し出し，都市郊外や別荘地に移したのであった。

　田舎家は，郊外や別荘地という敷地としても，移築を可能にする移動手段としても，さらに大規模農家が手放されるという社会的状況からしても，その成立には近代化が不可欠な要因となる建築であった。しかし，その姿は一般的な近代建築の印象とは逆に，前近代の農村を思わせる（**図1，2**）。その姿が示すのは，自然への志向であり，それが財力と教養を備えた者のよき趣味の表現であった。田舎家を可能にした近代化と，田舎家が表象している志向や趣味とは，背反しているかのようだ。だが実は，近代化の進展につれて富裕層らは「田舎」へと向かい，そこになじむ建築として，民家を発見したのであった。そして前近代までの民家は，近代の眼によって，都市に本拠を置く者が必要とする田舎家となったのだ。

1）ベルク（2017）によれば，「田舎」を理想の場所とする見方は，はるかに古代の各地（特に4世紀の中国）から見られる。しかしながら，ここでは日本における近代化・都市化との関係に限定して，田舎家を検討する。また，同書は都市の人が「田舎」に向かえば，都市に住むより多くの環境負荷がかかり，持続可能性を阻害する，という問題意識のもとに書かれていることを断っておかねばならない。ここではそのことを認識した上で，なお田舎家の現代的意義を考察してみたい。

図1　益田孝小田原別邸・掃雲台内「観濤荘」

（出所）『大茶人益田鈍翁』（学芸書院，1939年）より。

図2　益田孝小田原別邸・掃雲台内「観濤荘」平面図

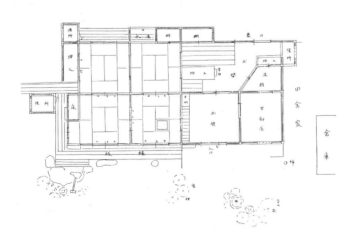

（出所）『鈍翁遺芳』より。版元・出版年不明（あるいは私家版）。

移築による田舎家の成立には，新築とは異なる点がある。それは，既に存在したものに新たな価値が見出されたということである。田舎家となる民家は，近世以前に建てられたものであり，地方における有力な家ではあっても，基本的に農家であった。それが近代の一時期に，華族をはじめとする社会的リーダーたちによって，新たな理想の住まいとして光が当てられたのである。つまり，過去の遺物に新しい文化的視線が向けられて，それまでにはなかった価値が付与された。ここでは，文化のゆらぎ，美意識の変化が起きたと言わねばならない。日本の近代化が一定の局面を迎え，世界にもそれが知られるようになった時期，まさにその近代化を主導する人物たちによって，田舎家が好まれたのである。

　いわば「民家の再発見」とでも言うべき田舎家の成立は，田舎の価値の転換を示している。ちょうどこれと似たような感覚が，現代にもあるのではないだろうか。田舎家は，現代風に言えば，「古民家再生」であり，民家のリノベーションである。新しい建築がつまらなく，デザインに敏感な人ほど，むしろ古い建築の方に魅力を感じている。そうした現代にあって，田舎家を探ることが，これからの建築を考えるヒントになる気がする。

2. 古材・移築・改築

　現存している田舎家を見てみよう。

　箱根，強羅公園の中に，「白雲洞・不染庵」という田舎家がある（図3，4）。これは，三井物産を興した益田孝が，1916（大正5）年頃建てた茶室である。付近の数軒の民家から，古材を選定してつくりあげたという。「茶室」といっても，小間の形式に則ったものではなく，外気に大きく開かれ，小屋組を現した大らかな構成である。建築主の益田は，「鈍翁」と号で呼んだ方が通りがいい。彼は明治以後，旧大名家や寺院から売り立てられた茶道具や古美術品を蒐集し，数々の茶会を行った，近代数寄者の代表的人物である。近代数寄者は，茶の湯を趣味とする富裕層によって構成され，彼らの田舎家は鈍翁が広めたと言ってよい。鈍翁は，後にこの建物を，やはり近代数寄者の原富太郎（三渓）に譲り，

図3　強羅公園内「白雲洞・不染庵」外観①

(出所)　筆者撮影。

図4　強羅公園内「白雲洞・不染庵」外観②

(出所)　筆者撮影。

図5　井上準之助別邸＝秩父宮御別邸外観（現秩父宮記念公園）

（出所）　筆者撮影。

さらに原は松永安左エ門（耳庵）に譲った。

　静岡県の御殿場には，旧秩父宮御別邸がある（**図5，6**）。これは，もともと大蔵大臣，日銀総裁等を務めた井上準之助が，1927（昭和2）年に建てた別荘であった。江戸中期，享保年間に建てられた付近の名主の家を譲り受け，移築，改築したという。かつての土間が改造され，イスとテーブルの洋間になっている。この洋間の基調となるデザインは，中世イギリスに範を取るチューダー調で，レンガの暖炉や，ステンドグラス，ハーフティンバー（日本の真壁に似た壁に束を半分埋め込んだ意匠）等が特徴である。この建物は，井上亡き後，秩父宮の結核療養のための御別邸となり，戦後まで宮家によって愛着をもって使われた。

　この2つの田舎家から，共通した点が見えてくる。

　第1に，古い民家であること。新築ではないという点が重要である。建築主たちは，そこに新築では得られない価値を見出していたからだ。

　第2に，移築ないしは改築を経ていること。場所の変更か，形状の変更を伴い，かつての民家がそのままの位置で，そのままの形状で使われることはない。

　第3に，改造も使い方も自由であること。茶室の形式にこだわらなかったり，

図6　井上準之助別邸＝秩父宮御別邸室内（現秩父宮記念公園）

（出所）　筆者撮影。

土間を洋間に改造してイスを持ち込んだり，骨格を残しつつも束縛されることなく，民家を解釈している。

　第4に，建築主は当時の富裕層であり，同時に教養人であったこと。彼らは外国語を操り，経済や国際情勢にきわめて長け，洋風の生活も十分に心得ていた。いわば，近代に最も近い人物たちであった。

　これらは程度の差こそあれ，田舎家と呼ばれる建築に共通して見出せる特徴である。

3. 重なりの派生物

　田舎家は基本的に金持の趣味のための家で，時代の社会的要請によってつくられたとか，これによって人々の生活が変革したといったことはない。したがって建築史的に見る時，重要な住宅として論じられる優先順位は低かった。一般に近代建築史は，新築の歴史であり，また建築家の歴史である。田舎家は，新築ではないから近代住宅ではなく，民家研究としても移築，改築を経ている

第11章　田舎家の〈縁〉　　169

ので，一級のものとは見なされず，さらに大半は著名な建築家が手がけたものでもない。近代住宅としても民家としても中途半端で，土地に根ざしたものでもなく，和室かと思えば洋間が共存したりしている。ましてや建築家による新時代を拓く発想や，新しい工法が実験されることもない。このどっちつかずで分類しがたく，目立った新規性もないゆえに，田舎家は建築史では等閑視されてきた。

　しかしながら，田舎家のこのどちらの分類にも属しにくい性格を，あるカテゴリーと他のカテゴリーの中間にあるものと捉えることはできないだろうか。すなわち，対立する二項の間にあって，それらの重なりにあるものと考えてみるのである。

　すると第1に，田舎家は近代と前近代に跨がっている。前近代までにつくられた古い家を，近代になってから学習した眼によって選び出し，近代の技術を用いて移築し，近代にならなければ実現しない使い方をする。前近代までに確立した形式と骨格を残しながら，近代になって得た発想や意匠を付け加える。しかもそれらが，独立して併存するのではなく，ひとつの空間の中で一体となって存在する。前掲の例で言えば，「白雲洞・不染庵」は，近代になって開発された別荘地の，洋風庭園の一角につくられた近代数寄者ならではの茶席である。また，井上準之助別邸では，太い柱と梁が現しになっているかつての土間を，その骨格を見せたまま洋間に改造している。このように田舎家における近代と前近代の出会いは，敷地からインテリアまで様々なレベルで見られる。

　第2に，田舎家は都市と非都市の中間にあるもの，と言えそうである。田舎家は，田舎に建っていた家であるが，かつての敷地でそのまま使われたわけではない。初期の田舎家が移築されたのは，近代の職住分離と移動手段が生み出した大都市郊外の邸宅内であった。例えば，益田孝の邸宅は品川御殿山にあり，その広大な敷地内に明治期に建てられた一棟が，その後各地に田舎家を所有することになる鈍翁の田舎家の発端と見られる。また，三井で益田の跡を継いだ団琢磨も，原宿の邸宅内に，1915（大正4）年という早い時期に田舎家を小田原付近から移築している。やがて，田舎家の敷地は別荘が主流になる。前掲の強羅も御殿場もそうである。そこは確かに都市から離れた場所であるが，元の民

図7　井上準之助別邸＝秩父宮御別邸の洋間①

（出所）　筆者撮影。

家が建っていた土地とは，たとえ距離は近くとも場所性はまったく異なる。民家が土地に根ざした生活の場であるのに対し，別荘は都市の人によって都市的な生活を前提にして造営されるものだからである。そうした意味で，田舎家の建つ敷地は，カッコ付きの「田舎」であり，「非都市に位置する都市」とも言うべき場所である。田舎家は，移築という手続きを経て，地縁から切り離され，都市生活を補完するものとして仕立てられるのである。都市の人によってつくられた田舎家は，人だけでなく建物としても，その場所で生まれたのではないという意味で，都市的な在り方を示している。

　第3に，田舎家は日本と欧米のカントリー趣味の結節点にある。古びた木造の，太く荒々しい木割の構造は，特に北ヨーロッパで見られる木造の民家に通じ，ともに民家ならではの木訥で大らかな雰囲気をつくり出す。この材料の扱いと構造に由来する雰囲気は，書院造りや数寄屋には決してない，意外な国際性を持っている。そのことは，井上準之助別邸の洋間を見れば肯けるだろう。2本の欅（けやき）の大角柱を，手斧跡を見せた梁が結んでおり，このフレームの中に，造り付けの飾り棚の尖頭アーチ，レンガの暖炉，ステンドグラス風の建具など，

第11章　田舎家の〈縁〉　　171

図8 井上準之助別邸＝秩父宮御別邸の洋間②

(出所) 筆者撮影。

ゴシック的なデザインが見られる（図7, 8）。すなわちここでは，既存の民家の大きな柱梁を活かして，カントリーコテージ風な設えが実現していて，ゴシック・リヴァイヴァルの中世趣味，田園志向と，日本の民家の親和性に着目した改造がなされているのである。同様の改造は，団琢磨の別荘等でも行われていた記録があり，彼らが西洋文化に通じた頃，そこで主流であったデザインが反映されている。ここまで直接的でなくても，民家の空間には素朴さ，気楽さが洋の東西を通じて感じられ，そうした「田舎」に求められる雰囲気を演出する装置が，田舎家なのである。

このように田舎家は，二項の重なりから生まれた派生物，いわば二項の〈縁〉が結ばれたものと見ることができるだろう。非西欧文明が，近代化＝西欧化の過程で生み出し得たものと言ってもよい。

4. 使い続けられる家

田舎家を二項の重なりとして見たが，次は，田舎家の価値を考えることから，その価値を成立させている二項を抽出することができないだろうか。まず，田

舎家の価値とは何かを確認しておきたい。

　田舎家は新築ではない。建築主は，そこに価値を見出していた。それは，新築では決して得られない価値，すなわち時間という価値を，最上位に置いていたからである。田舎家が建てられた時期は，近代和風住宅の黄金期であり，富裕層はその気になれば，いくらでも良質な新材を調達することができた。だが田舎家ではそれをせず，材木としては流通もしない民家の古材を使った。これは，その材が経てきた時間を重視しているからに他ならない。材に傷があっても，仕上げが粗くても，むしろそれらを，古さを証明する印として珍重したのである。古材には，時間を所有することの象徴性が宿る。

　新築では得られない価値は，人為ではつくり出せない価値に通じる。材が黒光りし，傷があるのがよいと言っても，それらを意図的に付けたのでは，まがい物になってしまう。あくまでも時間の中で使い込まれた，非作為的な刻印だけが価値をもつのである。このことはまた，「見立て」ということに通じる。見立てとは，あるものを別のものとして見ることであり，本来そのためにつくられたわけではないものを，別のものとして使うことをいう。利休の茶碗を引き合いに出すまでもなく，見立てには茶人たちがそのセンスを示す方法として用いられてきた伝統があり，人為的につくることができない価値を，作為的な眼によって取り立てる手法である。ここには，自然に由来するあらゆるものは，見立てることができるにすぎず，工業製品のようにつくりあげることはできない，という諦念も含まれる。田舎家が茶の湯を趣味とする者たちの間で広まったことは，見立てと合わせて考えれば必然的である。すなわち，古い家を見立てる眼こそが彼らの誇りであり，そこにいくばくかの手を加えて仕立てることで，茶室なり別荘なりとして成立するのである。

　田舎家において最も重視される価値は，建物が経てきた時間であることを確認した。ここで，田舎家が二項の重なりであると先述した点を想起し，田舎家を結節点として両側に延びる二項を示し，現代での応用を考えてみたい。

　第1に，田舎家は過去と現代の結節点である。田舎家となる民家は，ときに中世まで遡る可能性があるとされた建物であるが，建築主たちはこれをそのままの場所で手を加えずに使うことはなかった。それを移築し，近代の生活にも

合致するように改造し，使える家として仕立て直した。長い年月を経ていることは重視するが，新たな使い道を与え，使い続けられることこそ，建物の役割であって，そのために必要な改造はためらわなかった。むしろ，その改造に創意を見出すこともあっただろう。これは民家の保存ではなく，再利用であり，持続されてきた時間をさらに持続させる行為である。あたかも茶道具が，今たまたま誰かの手中にあっても，いずれはその手を離れ，しかしその価値を失うことなく受け継がれていくように，田舎家も長い時間の中でのかりそめの姿と考えることもできよう。長く存続してきたものには，異なる時代が積層し，共存する。ものが使い続けられる限り，それは必然である。ひとつの建物の中に時間の多層性が見られる典型的な例が，再生・転用である。

　上記のことから，田舎家は保存と利用の結節点とも考えられる。田舎家は移築，改築を経ていることから，文化財としての評価は高いとは言えない。一般に文化財は，建造された当初の姿を最上とし，その姿のまま保存されることが理想とされ，後代の改造が入っている場合，それらは撤去され，当初の状態に復原するのが原則となっている。もっともほとんどの場合，事はそう単純ではなく，後代の改造が形状を維持する上で不可欠の場合も多いが，基本的に一定の状態で時間を凍結するのが，「保存」と見なされている。文化財としての民家はしばしば，生活の変化に伴って追補されてきた部分を引きはがし，人が住まなくなった状態で，公園などに展示されている。こうした保存方法は，現にそうであるように，ごく限られた少数の建物について行うには適している。ある時代の住宅のあり方として，その構法や暮らしぶりを伝え，水道や電気のない時代には苦労していたとか，暗かったとかいうこともわかる。しかし，現在の人間が使うという感覚には遠いと言わざるをえないだろう。

　こうした保存が行われるのは，竣工時を「完成」と見なす建築史観に基づいているからである。言うまでもなく，この保存の反対には，はるかに多くの滅失がある。打つ手もなく失われていく歴史的建造物に対して，きわめて少数の「凍結保存」ではない，「再利用」という道が，もっと積極的に検討されてもよいのではないか。竣工時に最高の価値を置く建築史観を変え，利用される時間の長さが建物の価値を増すという観点に立ってみれば，使える家として仕立て

直された田舎家は，人間の一種の道具であるという住宅の役割から考えて，むしろ本来のあり方を教えてくれているのではないだろうか。「民家の再利用」という田舎家の特徴こそ，現代において求められる建物の持続可能性を示唆していると言えよう。

5. 建築による「自己了解」

以上に加えて，田舎家は自然と人為の結節点も教えてくれる。

和辻哲郎は原三溪と親しく，その交友をもとに，東京郊外の練馬で田舎家に住み（図9，10），「田舎家の辨」（和辻1957）という文章まで書いた[2]。また和辻は，ちょうど三溪ら数寄者の間で田舎家が流行していた昭和初期に，『風土』を著した。その第1章には，次のきわめて本質的な一文がある。

「家を作る仕方の固定は，風土における人間の自己了解の表現にほかならぬであろう」。

噛み砕いて言うと，民家のように一定の形式をもった家の形は，人間がその場所の風土を解釈した結果だということである。例えば，夏に日射を防ぐのと，冬に暖気を蓄えるのとを天秤にかけて，バランスを取った結果が，住宅の形なのだ。夏の湿気と冬の風でもよい。ふたつの背反する条件に，人がこのくらいなら我慢しよう，いやこれは耐えられない，このあたりで妥協しよう，と「自己了解」した過程がある。他にも住宅に要求される様々な条件を関係づけて，限られた材料と構法の中から，次第にひとつの〈型〉をなしてきたのが，伝統的な民家だということだ。

和辻の一文を展開すると，人間はどのくらいの暑さ，寒さが快適か，家をつくることで風土を意識する，と読める。さらに進んで，建築によって人間は自然を知る＝対象化する，と言い換えられる。この一文は，建築の〈形〉が，自然への対応から生まれ，人間の存在が「外に出た」姿だということを示してい

---

[2] 「田舎家の辨」によれば，1938（昭和13）年に，原三溪の田舎家を手がけた棟梁山田源市が，「相模の大山の麓から」練馬に移築，改築したという。この田舎家は，1961（昭和36）年に川喜多別邸として鎌倉に再移築され，現存する。

図9　旧和辻邸（旧川喜多別邸）の縁側

（出所）　筆者撮影。

る。建築は，人間の環境に対する考え方がつくりだした造形だと言ってもよい。建築は，様々な環境に取りまかれていると同時に，それ自身が環境をつくりだす装置である。家をつくることで，人間は単に自然を観察するのではなく，その調整を通して自分の快適さや好みを知るのである。つまり，建築をつくることによって，人間は己を知る。そうした「自己了解」は，受け継がれてきた〈型〉に基づいて，改良を重ねることで持続してきた。和辻の一文は，そのように読めないだろうか。

　一方，建築をつくる動機や〈形〉の決定には「憧れ」が不可欠である。場所を決め，暮らしを想い，空間を構想し，ディテールを決めてゆくプロセスには，必ず理想がなくてはならない。これは自然への対応だけでなく，文化の記憶によって規定されることが多い。あんな家に住みたい，こんな暮らしがしたい，と古き良き時代や手本としている文化から学び，それをまねることから姿ができてゆく。

　「田舎」では，都市よりも多く自然環境に晒される。「田舎」を志向した人たちは，そこに文化的な「憧れ」を見たのである。近代初頭の欧米の上流階級が

図10　旧和辻邸（旧川喜多別邸）の室内

（出所）　筆者撮影。

中世を，日本近代化の立役者たちが田舎家を志向するには，どちらも近代の都市化があった。近代技術によって環境を制御する都市化の先に，「田舎」が見えたのである。近代的な環境を体験した後に見出した理想が，近代文明以前の中世であり，伝統的な民家であったのだ。

6. 自然と人為の〈出会い〉

　技術によって制御された環境を体験した後の「憧れ」が，長い時間の中で培われた形姿であったというのは，今，誠に興味深い。近代のはじめには，限られた者だけが体験し得た技術と文明があまねく行き渡り，現在では，新築の住宅であれば，都市と地方の区別はなくなっている。
　そこで，かつてひとつの理想の住まいとされた田舎家の姿を改めて見てみる。するとそこには，新築の住宅がほとんど失っている空間がある。それは，大きな屋根の下にできる軒と，その直下の縁側である。そこは屋外と室内との間にあって，直射日光を避けつつ風を通し，弱い雨なら開け放しておける，環境調

節のペリメーターゾーン（境界域）である。ここに雨戸と障子が建て込まれ，近代の田舎家ではガラスの建具が追加されて，光と風と温湿度が調整される。そこは同時に室内への通路であり，室内側では間仕切りの襖を取り払えば，広い一室空間が出現する。こうした伝統的な民家のプランは，用途として見れば通路にすぎない縁側の位置や長さ，室内側のプライバシーのなさ等から，近代住宅の中では排除されてきた。何より，建物の構造と一体となった強い形式が，前近代を想起させることから，イス座が普及し，家と家族のあり方が変化していく過程で避けられてきた。そして，軒下と縁側は内外を壁で強く仕切る構法が一般化してからは，できるだけ室内を広く取るという観点からすると，経済合理性のない，不要な空間となった。

　しかし，軒下と縁側は，そこを体験した人なら，単なる通路ではない豊かな空間であることに肯けるだろう。夏，戸を開け放して庭を眺めるすがすがしさ。冬，日だまりでぼんやりとするひととき。これらは，屋外と室内の中間領域が生み出す心地よさである。縁側は屋外と室内の寒暖差を抑え，また構造的にも下屋として建物の外周を支える。そこは内外が直接ぶつかることなく穏やかに調整する緩衝帯であり，建物に属しつつ庭とも不可分な場所である。この場所は，人の関係にも影響し，縁側で話を交わす場合と座敷に通された時とでは，その状況によって接し方が変わる。縁側で交わす言葉は，ごく親しく，形式張らない。特に用事がなくても入ってきてもよいところ，軒下と縁側はそんな場所なのではないだろうか。そこはまさに，自然と人為が出会い，〈縁〉を結ぶところであり，日本の風土にあって，自然とつきあうために形づくられてきた場所である。縁とは，自然と人為の境界であると同時に，両者が共存する場所であるはずだ。

　近代の田舎家は，懐旧・復古の印だけではなく，日本の風土が西洋文明との出会いを通じて見出した，新しい建築の〈形〉であることを明らかにした。近代合理主義が見落とした縁側や軒下の意味は，自然と人為の〈あいだを開く〉ことにある。このことをふまえて，建築の再生・転用の可能性を探っていく必要があろう。

【参考文献】

加藤耕一(2017)『時がつくる建築　リノベーションの西洋建築史』東京大学出版会

木岡伸夫(2017)『邂逅の論理——縁の結ぶ世界へ——』春秋社

高橋箒庵著，熊倉功夫編(2002)『昭和茶道記』全2巻，淡交社

高橋箒庵著，熊倉功夫・原田茂弘校注(1989)『東都茶会記』全5巻，淡交社

高橋箒庵著，熊倉功夫・原田茂弘校注(1991)『大正茶道記』全3巻，淡交社

中村昌生・日向進・吉井宏(1984)「近代の茶室」『茶道聚錦7　座敷と露地(一)茶座敷の歴史』小学館

ベルク，オギュスタン(2017)『理想の住まい——隠遁から殺風景へ——』鳥海基樹訳，京都大学学術出版会

松永耳庵著，粟田有聲庵編(1938)『茶道三年』上中下巻，飯泉甚兵衛

松永耳庵著，粟田有聲庵編(1944)『茶道春秋』上下巻，日本之茶道社

ロウ，コーリン／コッター，フレッド(1992)『コラージュ・シティ』渡辺真理訳，鹿島出版会

和辻哲郎(1957)「田舎家の辯」『新潮』4月号，新潮社

和辻哲郎(1979)『風土——人間学的考察——』岩波書店

第12章

ユネスコ学習都市構想の社会学

赤尾　勝己

　本章では，まず2013年から2年おきに3回にわたって開催されてきた「ユネスコ学習都市に関する国際会議」の内容の変遷を紹介する。続いて，学習都市で実現が求められている「持続可能な開発目標」(sustainable development Goals: SDGs) に関する社会学的な考察を試みる。さらに，2017年に日本で初めてユネスコ学習都市に認定された岡山市の取り組みを紹介する。最後に，岡山市京山地区ESD推進協議会の実践が，編者（木岡）の提唱する〈あいだを開く〉試みとして響き合うものであることを示す。

1. ユネスコ国際会議の概要

　2013年10月に，「第1回学習都市に関する国際会議」が中国・北京市で開催された。本会議のテーマは，「生涯学習をすべての人に——都市における包摂・繁栄・持続可能性——」であり，その議論において「学習都市の鍵となる特徴」という文書が参照された。

　本会議の終了時には，「学習都市建設に関する北京宣言」が発表された。同宣言は，まず前文において「私たちは，市民——都市とコミュニティのすべての居住者として理解される——をエンパワーするためには，私たちが市民にアクセスを与え，生涯を通して幅広い配列の学習機会を利用するように奨励しなければならないことを支持する」と述べられている。また，「私たちは，いまや世界の人口の大多数が都市と都市部に住み，この傾向が加速化されていることを承認する。その結果，都市と都市部は，国家とグローバルな発展においてこれまで以上の役割を演じる」と述べられている。これらの文章から，都市部

と都市に生活している市民だけが，学習都市の対象となるという一面性が看取されよう。

前文に続いて，都市を変容させる力を有する行動を「約束」する，として次の12項目が列挙されている。

(1) 個人をエンパワーし，社会的結束を促進する。
(2) 経済発展と文化的繁栄を高める。
(3) 持続可能な開発を促進する。
(4) 教育システムにおける包摂的学習を促進する。
(5) 家庭とコミュニティにおける学習を再活性化する。
(6) 職場のための職場における学習を促進する。
(7) 現代的な学習テクノロジーの利用を拡げる。
(8) 学習の質を高める。
(9) 生涯を通した学習文化を促進する。
(10) 政治的意思と関与を強化する。
(11) すべての利害関係者の統治と参加を改善する。
(12) 資源の動員と利用を後援する。

上の(1)では，各市民が識字能力を有し，ジェンダー平等を保障するということが言及されている。(2)では，貧困生活を送る市民の割合を減少させること，(3)では，生涯学習におけるアクティブ・ラーニングを通して持続可能な開発を促進することが言及されている。(4)では，包摂的学習に関して，「あらゆる市民が，能力，性，性的指向，社会的背景，言語，民族，宗教，文化に関わりなく，学習機会に平等にアクセスするべきである」と述べられている。(5)では，「家庭や地域での学習は，社会関係資本（social capital）を構築し，生活の質を改善する」としている。(6)では，「グローバリゼーション，テクノロジーの進化，知識基盤経済（knowledge-based economy）の成長のために，多くの成人は，常に自らの知識とスキルを増していく必要がある」としている。(9)では，「生涯を通した活気に満ちた学習文化（learning culture）を促進する」ということが述べられている。(10)では，「学習都市を成功裏に建設するには，強力な政治的意思と関与を要する。政治家と行政職員は，政治的資源に関与し学習都市のビ

ジョンを実現するうえで，第一義的な責任を有する」としたうえで，「強力な政治的リーダーシップを示し，私たちの都市を学習都市にしていくことに，しっかりした関与をする」ことが挙げられている。ここでは，「上から」の政治的な強力なリーダーシップによって，学習都市を構築していこうとする意向が表出されている。⑾では，すべての利害関係者の関与を求めている。これは，⑽の「上から」の政治的関与を「下から」補完する位置づけとなっている。⑿では「政府・非政府組織ならびに民間部門を含む部門間の協力体制を確立する」ことが求められており，グローバルな資本主義によって主導されている新自由主義的な手法が推奨されている。

このように，北京宣言では，強い個人によるエンパワーメントを前提とし，国家主導の新自由主義による「上からの」学習都市づくりが勧告されており，市民による「下から」の民主的手続きに基づく学習都市づくりの色彩が希薄である点は否めない。

続いて，2015年9月には，「第2回学習都市に関する国際会議」がメキシコシティにおいて開催された。本会議のテーマは，「持続可能な学習都市を建設すること」である。今回の会議の成果である「持続可能な学習都市に関するメキシコシティ声明」は，前回の北京宣言とは趣が異なる。それは，本会議直前の「持続可能な開発サミット」で，「持続可能な開発目標」（SDGs）が採択され，それを学習都市において実現していくことが求められていたことである。声明の前文には，次のように記されている。「最近，国連持続可能な開発サミット2015が開催され，加盟国は，今後15年間の人的開発を形づくる17の持続可能な開発目標（SDGs）に同意した。私たちは，持続可能な開発目標，とりわけ目標4（包摂的で公平な教育を保障し，すべての人のための生涯学習機会を促進する）と，目標11（都市と人々の居住を，包摂的，安全，復元可能，持続可能にする）に心からの支持を表明する。私たちは，社会的・経済的・環境的な3つの領域すべてにおいて，持続的な開発を遂行する際に，教育，生涯学習，世界の都市の市民が重要な役割を果たしていくことに同意する」。

この前文に続く「持続可能な学習都市に向けた戦略の方向性」として，10の戦略が列挙されている。ここで注目すべきことは，北京宣言が強い個人主義

に基づく上からの政治的リーダーシップを強調していたのに対し，より脆弱な立場に置かれている人々（集団）に配慮しながら，より民主的な手続きで学習都市を構築しようとする意向が示されていることである。

これに続く「行動への呼びかけ」では，「生涯学習が，世界中の都市における社会的・経済的・環境的持続可能性の駆動力であることに関わっている」と述べられ，各国政府が，学習都市の建設に際し，「若者」の参加を支援することが明記されている。問題は，社会的持続可能性，経済的持続可能性，環境的持続可能性の3者間の力関係であり，これら3者のうちどれが優先され，どれが後回しにされるかが，各学習都市での政治的判断に委ねられていることである。このように，メキシコシティ声明は，北京宣言が「上から」の政治主導による学習都市建設を呼びかけたのに対し，「下から」のより民主的な手続きによるより包摂的な学習都市を構築しようとしていることが看取されよう。

さらに2017年9月，「第3回学習都市に関する国際会議」がアイルランドのコーク市で開催された。本会議のテーマは，「グローバルな目標，地方の行動——2030年におけるすべての人のための生涯学習に向けて」(Global Goals, Local Actions: towards Lifelong Learning for All in 2030) であった。本会議の成果文書である「学習都市に向けた行動へのコークからの呼びかけ」(Cork Call to Action for Learning Cities) は，は，「前文」と「行動への呼びかけ」からなり，通し番号で27項目が列挙されている。以下に重要な部分を紹介してみたい。

「2. 私たちは，教育と生涯学習が持続可能な目標 (SDGs) の中心にあって，それらの遂行のために欠くことができないことを認識している」。SDGsの実現のために，教育と生涯学習が中心的な役割を果たすということが述べられている。

「6. 私たちは，持続可能な目標を遂行するための地方の行動を通して，グローバルな気づきと市民性を促進する自らの都市で，心くばりをした学習文化の建設を熱望する。」ここでは，グローバルな気づきと都市における市民性 (citizenship) の涵養による学習文化 (learning culture) の建設が期待されている。

10では，メキシコシティ声明と同様に，重点目標であるSDGsの4「教育」と11「居住」への関わりを再確認することが述べられている。さらに，これ

までは，環境的・社会的・経済的持続可能性であったのに，3と15において「文化的持続性」が書き加えられている。

では，国家はどのような役割を果たすのであろうか。

「17. 各国政府には，学習都市を建設するための根本的な条件と十分な資源を与えることと都市の成長が都市と農村の居住者の利益になることを確実にする包摂的な政策を採用することを求める」。ここには，北京宣言で見られたような，各国政府による強力な政治的リーダーシップではなく，農村の居住者にも配慮したバランスのある発展を側面から支えていく，という基調が出ている。

このように，「コークからの呼びかけ」は，ユネスコ学習都市の実現に向けて，国家主導にとどまらず地域主導にも，また，強い個人主義にとどまらず弱い集団にも，さらに，都市だけでなく農村の発展にも目配りをきかせ，そして，環境的・社会的・経済的持続可能性に，文化的持続可能性を加えた点が特筆されよう。

2 「持続可能な開発目標」(SDGs) の社会学的考察

ユネスコ学習都市に関する国際会議の成果文書から，その内容の変遷を概観してきた。本節では，そこで中心的な役割を担っている国連の「持続可能な開発目標」(Sustainable Development Goals1: SDGs，2015年9月採択) について，社会学的観点から考察を加えることにしたい。前述のようにSDGsは，2030年に向けて，17の目標と169のターゲットから構成されている。

しかし，ここで肝要なことは，SDGsの17の目標を並列的に捉えてはならないことである。そこには目標間の強弱関係が内包されているし，17の目標が各学習都市で実現される際に，どれを優先するか，どれを後回しにするかという政治的判断が，各都市の首長によってなされるからである。

ユネスコの学習都市構想においては，目標4「教育」と目標11「持続可能な都市」が重点目標となっている。各目標の下位には，ターゲットが位置づけられている。

● 目標4「教育」

すべての人に包括的かつ公正な質の高い教育を確保し、生涯学習の機会を促進する。

● 目標11「持続可能な都市」

包摂的で安全かつ強靭（レジリエント）で持続可能な都市及び人間居住を実現する。

これまで、日本においてSDGsに関する複数の書籍が出版されているが、いずれもSDGsを所与の前提として、それらの目標をまったく疑うことなく、いかに実現していくかというレベルでの議論が支配的である（蟹江2017）。あるいは、いかにSDGsの内容を子どもたちや成人にうまく教えるか、という問題意識に基づいた先行研究が支配的である。それは、SDGsを守るべき実現すべき規範として捉えているからである。教育学的な関心からでは、どうしても、それをいかに子どもたちに守らせ、効果的に教えるかという視点で捉えることになってしまう。そこで本節では、SDGsが国連から出された背景にある、グローバルな力関係に立ち入った社会学的考察を試みてみたい。その際に見ておくべきことは、新自由主義経済のグローバル化によって、世界システムの先進産業国と発展途上国の間、さらには各国の政治・経済・文化的中心部と周辺部の間に横たわる格差の存在である。そうした環境で、はたして持続可能な学習都市の構築は可能であるのか、という問題意識を外してはならないのである。

まず、SDGsの17の目標は並列的に列挙されているが、実は各目標間には力関係が働いていることに留意が必要である。SDGsの17の目標は、大きく「社会的持続可能性」、「経済的持続可能性」、「環境的持続可能性」の3群に分類できる。しかし、これら3群の持続可能性は、その具現化をめぐって競合している。ブルデュー（1930-2002年）の視点から見ると、「界」（champ）の違いが看取される。ブルデュー（1990）は、社会においては、究極的に経済界が文化界を支配していると論じている。これらは歴史的には、経済的持続可能性、社会的持続可能性、環境的持続可能性の順に実現されると解することができよう。

発展途上国にとっては、これからまず経済的な自立を果たすことが急務であり、すでにかなりの程度、経済的持続性、社会的持続性を実現している先進産

業国の利害とは異なる。ここで，SDGsの17の目標を「世界システム論的視座」から分析していくことが必須となる。途上国にとっては，まずは自国の経済的自立を果たすことが急務であり，環境的持続性の実現は後回しとならざるえない状況があるのである。

　SDGsについて，ネッケル（S. Neckel）は社会学的視点から次のように論じている。

　　持続可能性の概念は，多方向へ多様化しており，きわめて矛盾した社会的協議事項を支持するために引用されてきた。それゆえ社会学は，持続可能性を，あらゆる環境的・社会的問題に対して長い間求められてきた解決策として見なすべきではない。（Neckel 2017：46）

つまり，持続可能な17の目標は，常に矛盾，ジレンマ，逆説を抱えているのである。

　　背景にはグローバル資本主義があり，それが持続可能性の経済的前提条件を規定しているだけでなく，日々の実践と自己との関係を深く形成しているある文化的な生活の形態を構成している。（同：46）

　　誰が持続可能性から利益を得る立場であるのか，誰がそのコストを負担するのか，誰が利益をもたらす持続可能性を期待できるのか，誰が制約を経験するのかは，異なる社会的圏域や生活パターンの間で不平等に配分されている。それゆえ，持続可能性は社会的に困難を抱えたカテゴリーとなり，社会学にとって，どれが特殊な利害の対象を提示するかをめぐる葛藤的な協議となった。（同：48）

さらに，ロッキー（S. Lockie）は，「持続可能にされるべきものは何か」という観点から，そこに関わる主体の立場の違いを認識することの重要性を指摘する。根本的な問題は，「誰の知識，価値，意向，利害が持続可能性に関する計

画や政策において表象されているか」である。「持続可能性の遂行過程において，誰が決定し，誰が行動し，誰が利益を得て，誰が損をするのか，ということが，配分に関するすべての問題である」(Lockie2016：1)。「SDGsの枠組みでもっとも大きな弱点は，持続可能性を遂行もしくは目的地として取り扱うことである」(同：2)。

　一方，成人教育学者のホルフォード (J. Holford) は，持続可能性の「ビジネス言説」が，新自由主義的な考え方によって強く影響を受けているとして，次のように論じる。「新自由主義的な諸前提が，持続可能性の概念にさえ浸透するようになったことはほとんど驚くに当たらない」(Holford2016：544)。彼によれば，言説には次の3つがある。第1に「環境的言説」は，天然資源の保全すなわち持続可能な開発と関連している。第2に，「社会的言説」は，貧困，健康，差別といったテーマと関連がある。しかし第3に，「経済的言説」の一環である「ビジネス言説によると，持続可能性は，収益性，生産性，財政収益率の観点からと同時に，企業の資本を構成する環境的社会的資産を管理するという観点から，企業の力量として言及されてきた」「ビジネス言説は，新自由主義的な前提とともに世界に向けて放たれた」(同：544-545)。

　それはさらに言えば，「新自由主義的な共通感覚，すなわち持続可能性のビジネス言説の制度的ダーウィニズムのレンズを通した」ものになっている。「彼らは生き残れなかった，ゆえに失敗した」と，ハーヴェイ(1935年-)が見抜いたように，新自由主義的な世界観は，ダーウィニズムの世界観と似ている。ホルフォードは，「持続可能性の言説は，新自由主義の理論装置と持続可能性の概念との間の重要な論理的――イデオロギー的でもある――連関がある」(同：557)と述べている。つまり，「持続可能性の概念は，新自由主義的な共通感覚によって横領されてきた」(同：558)のである。

　このようにして見ると，SDGsは，さまざまな政治勢力がヘゲモニーを求めて争う「闘争・葛藤のアリーナ」であることがわかる。そして，そこでは実業界が有する「ビジネス言説」がヘゲモニーを取ろうとしている点に，注意が必要である。なぜなら，それはSGDsによる経済的持続性を優先しており，社会的持続性や環境的持続性は，後回しにされるか，経済的持続性を阻害しない程

度に据え置かれることが予想されるからである。

3. ユネスコ学習都市・岡山市のケーススタディ

　2017年，岡山市は日本で初めてユネスコ学習都市に認定された。前節の観点からすると，岡山市のケースは，「環境的持続可能性」が最優先される事例となる。そこにおける優先順位は，環境的持続可能性＞社会的持続可能性＞経済的持続可能性であろう。

　岡山市では，2000年代初頭から，学校教育と社会教育において，「持続可能な開発のための教育」(ESD)の実践を盛んに行ってきた。市内の小中学校では「総合的な学習の時間」で環境学習に取り組んだ。同様に，市内の公民館においても環境学習が取り組まれた。つまり，子どもから成人に至るまで，市内ではESDによる学習が取り組まれたのである。

　同市では，2005年から「持続可能な開発」に向けての計画をスタートさせた。そのなかで，定型教育，非定型教育，不定型教育が手を携えて，バランスの取れた地域社会と環境の発展を推進してきた。これは，市民が容易に学習機会に近づくことを保障するだけでなく，経済や地域のエコシステムにとっても利益となる。

　同市では，「国連ESDの10年」への取り組みとして，2007年に「公民館サミットin岡山」が開催された。そして，2014年10月に，「ESD推進のための公民館－CLC国際会議」が開催され，「岡山コミットメント（約束）2014〜コミュニティに根ざした学びをとおしてESDを推進するために，「国連ESDの10年」を超えて〜」が採択された。

　同約束には，15項目が挙げられている。そこでは「コミュニティ間および問題解決の当事者同士が「実践の共同体」を創り出し，地域および国際社会における持続可能性に関する課題に対応することができるよう，戦略的な連携を強め維持する行動に共に取り組む（約束2）」ことや，「コミュニティがESDにおいて気候変動，生物多様性，レジリエンス（跳ね返す力），防災，食糧と栄養の安全保障に関する教育を推進できるよう，力の獲得を後押しする（約束6）」

ことが挙げられている。そして,「ESDはフォーマル教育,ノンフォーマル教育,インフォーマル教育,偶発的な学びなど,あらゆる人のための生涯にわたる,あらゆる場面での教育や学びであることが認識され,尊重される」。社会教育に当たる「ノンフォーマル教育と地域に根ざした学びは,子ども,若者,成人が,個人あるいは集団の行動を通じて,自分自身やコミュニティが変容する機会を提供する」と述べられている。

2018年4月現在,岡山市立幼稚園は64園,保育所は120を超え,小学校は89校,中学校は38校,高校は1校ある。公民館は37館あり,外国人のための日本語講座や障がい者のためのコンピュータ講座,減災リスクのための地域での訓練など幅広い講座を提供している。公民館は,近隣地区での市民参加を促進している。

● 岡山ESDプロジェクト基本構想の改訂

2014年までは,市・市民団体・教育研究機関などでゆるやかなネットワークを形成し,「国連ESDの10年」に合わせてESDを推進してきた。しかし,2015年にESD基本構想の改訂を行った。2015年から2019年の5年間に,地域でのESD推進と国内外のネットワークづくりを目指し,以下の2つの目的を掲げるとともに,8つを重点目標とした。

〈目的〉
・地球の未来について,共に学び,考え,行動する人が集う岡山地域を実現する。
・岡山地域での取り組みを通して,世界中で,環境・経済・社会各分野において調和のとれた持続可能な社会が実現するように貢献する。(筆者が一部修正した)

〈重点取組分野〉
・持続可能な地域の姿の共有
・地域コミュニティ・公民館
・優良事例の顕彰
・企業の取り組みの促進
・ユース・人材育成
・学　校
・ESD活動の拡大
・海外国内との連携

ここで注目すべきことは,岡山市ではESD推進協議会の主導で,ESDフェ

スティバル（ESDサミット）が開催され，地域住民が「市長と語る会」が設けられていることである。それは，公民館や小中学校でのESDの学びの成果を基にして，子どもたちや市民が市長へ提案できる時空間でもある。

　その例として，岡山市京山地区ESD推進協議会では，2007年に，京山中学校の生徒たちが，「総合的な学習の時間」における環境学習の成果を基に，それまでずっと汚染されたドブ川であった観音寺用水の改善提案を行った。この提案を受けて，市当局は近隣の岡山大学に協力を要請し，地域住民と何度も折衝を行い，官学民の整備推進委員会を設置して，住民がより安心・安全に歩行できるように緑道を整備するための計画を練り直し，工事を実施した。そして，ついに7年後の2014年4月に，観音寺用水の絵図町区間での「緑と水の道」を完成させた。つまり，ここでは3者の学習（学び）によって，市当局と住民との〈あいだが開かれた〉のである。

　この岡山市京山地区ESD推進協議会では，次の5つの目標を掲げている。

目標1　子どもも大人も共に学び合い，社会的課題に協働して取り組む地域をつくります。

目標2　地域の絆を強め，伝統文化を伝承し，人と自然が共生する地域をつくります。

目標3　言葉や文化の壁を超えて，同じ地域に住む外国人と共生する地域をつくります。

目標4　障がい者や高齢者も誰もが安心して暮らせる，安全で安心な住みよい地域をつくります。

目標5　学んだことを活かせる場をつくることで，学びから持続発展し続ける地域をつくります。

ここでは，特に目標1と目標5が大きく関わっていることが看取されよう。

4.〈出会いの風土学〉に寄せて

　ここまで来て，ようやく『〈出会い〉の風土学』（木岡2018）の内容と切り結ぶことができる。木岡は，「地理哲学」の立場から，世界の環境問題について次

のように論じている。

> 無意識的な欲望は，その発生源（西洋近代）にとどまることなく，全世界に波及して欲望のグローバル化を成し遂げる。これが「近代化」によって生じた「地球環境問題」の実体である。（木岡2018：45）

> 通常の近代批判は，デカルトに由来する二元論の克服を謳うものの，その何をどう変えればよいかの具体案を示していない。反対に，近代の価値を守ろうとしている陣営の側にしても，環境危機への抜本的な解決策を提示できないでいることは，批判勢力と同様である。風土学はこれらに対して，二元論自体の意義を否定するわけではないが，それが近代に〈欲望の論理〉を生じさせた経緯をふまえることによって，今後とるべき道筋を探り出そうとする。その道筋とは，〈あいだを開く〉ということである。（同：45-46）

ここから，岡山市のESD推進協議会の活動が，都市計画をする主体・される客体という二項対立を避けた，一定程度〈あいだを開く〉営みであることが理解できよう。市当局と住民は，〈出会って〉いるのである。もちろん，そこでの双方の力関係に目を凝らして分析しなければならないが，従来の市当局による「上から」の一方的な都市計画の手法ではなく，常日頃，公民館でESDの学びを積み重ねている幅広い年齢層の住民との対話を設けて，すなわち〈あいだを開き〉，双方が歩み寄り，変えるべきところを変えていく手法が取られたのである。

このことは，近年の都市計画の手法が，専門家による一方的な「上からの」都市計画ではなく，当該都市の計画に関わる複数の利害関係者が一堂に会し，交渉のテーブルに着いて，「議論による」，より民主的な計画による手法に理論的に移行する必要があるとする，フォレスター（J. Forester）らの都市計画理論と，軌を一にしていると言えよう。むろん，そこでの利害関係者間の力関係を厳しく分析する必要があることは言うまでもない。

フォレスターは，計画過程における専門家主導の技術的合理性に対するハー

バーマス(1926年-)からの批判を受けて，次のような「批判的計画」のイメージを提示している。

　計画についての批判理論は，計画者が，道具的な行為や特殊な目的の手段としてよりも，注意の形成やコミュニケーション行為として何をしているかについて，私たちが理解する助けとなる。計画とはそれ自体が深く論争的なものである。計画者は，望ましく可能な未来について，日々実践的かつ政治的に議論しなければならない。(Forester1989：139)

計画段階における交渉において，「私たちは，多かれ少なかれ，対話的・論議的な設定において，他者が要求するものについて，他者が言おうとすることから学ぶだけでなく，他者がそれを行う様式から多くのものを学ぶ。私たちは，他者が与える理由から，他者が欲しているものや信じているものについて学ぶ」(同：131)。ここで，計画段階の交渉における学習によって，計画者の認識が変容していく可能性を見て取っている。

ここからフォレスターは，「私たちの議論が，どのようにして，対話や議論のなかで変わるだけでなく，どのようにして私たちも変わるのかを探求していく」(同：130)ことが重要であるとして，「変容的学習者としての協議的実践者」(deliberative practitioner as transformative learner)としての計画者の姿を捉えるのである。

最後に，観音寺用水の改修のきっかけともなった，この学習都市の末端に位置する市民＝学習者の「変容的学習」(transformative learning)の可能性が，研究の焦点となってこよう。実際に，小中学校における児童・生徒は，どのようにして環境問題について学び，公民館において，住民はどのようにして環境問題について学んだのか。そのうえで，彼らは，その学びを環境保護・改善に向けた行動に，どのようにつなげているのであろうか。これまでの変容的学習理論に関する先行研究の弱点は，それらの理論に心理学的な視点はあっても，社会学的な視点が希薄であったことである。したがって，どんな属性の人間が，学習によって望ましい方向に変容できるか，という点についての分析が十分に

なされてこなかった。上に掲げた問いが，まさしく今後の研究課題の1つでもある。

「学習都市」の理念は，「ユネスコ学習都市に関する国際会議」において，「持続可能な開発目標」(SDGs) を実現することに収斂した。そこに見られる新自由主義のイデオロギーに対する社会学的な観点からの批判を紹介したうえで，真の学習都市には，対等な出会いの場となる〈あいだを開く〉実践が必要であることを，環境学習についての岡山市の先駆的な取り組みから明らかにした。今後，学習都市でいかなる学びを実現するかが，いま私たちに問われているのである。

【参考文献】

赤尾勝己 (2018)「ユネスコ学習都市構想の展開過程に関する一考察——岡山市でのフィールドワークを含めて——」『教育科学セミナリー』第49号，関西大学教育学会

岡山市北区京山地区ESD推進協議会 (2016)「持続可能な地域づくり・人づくり」

蟹江憲史編 (2017)『持続可能な開発目標とは何か——2030年へ向けた変革のアジェンダ——』ミネルヴァ書房

木岡伸夫 (2018)『〈出会い〉の風土学——対話へのいざない——』幻冬舎新書

ブルデュー，P. (1990)『ディスタンクシオンⅠ』石井洋二郎訳，藤原書店

Forester, J. (1989) *Planning in the Face of Power*, University of California Press

Forester, J. (1999) *The Deliberative Practitioner: Encouraging Participatory Planning Process*, The MIT Press

Holford, J. (2016) "The misuses of sustainability: Adult education, citizenship and the dead hand of neoliberalism", *International Review of Education*, 62, Springer & UNESCO Institute for Lifelong Learning

Lockie, S. (2016) "Sustainability and the Future of Environmental Sociology", *Environmental Sociology*, Vol. 2, No. 1

Neckel, S. (2017) "The Sustainability Society: A Sociological Perspective", *Culture, Practice & Europeanization*, Vol. 2, No. 2

おわりに

「はじめに」では，本書の出版に至るまでの経緯を紹介した。大学院科目「人間環境学研究」(都市の風土学)は，多数の研究者が専門の枠を超えて取り組む，共同研究のプロジェクトであるとともに，一般社会人が参加して議論の〈場〉を開くユニークな授業であったことを，ここで最後に語りたい。一教員(編者)の発意に，スタッフ，学生，一般人が共鳴して，ともに考え学び合う空間が，2000年から19年にわたって(ただし，2002年度は編者の留学のため休止)大学内に開かれ続けた。この事実は，自画自賛を承知で言わせていただくなら，日本の高等教育現場における画期をしるしづけるものではないだろうか。

〈あいだ〉すなわち〈出会いの場〉を開く，という風土学の理念とこの教育実践は，不可分に一体をなしている。その真意は，編者が「都市の風土学」という授業に，もし取り組むことがなかったなら，この書が体現するような風土学の理論はたぶん完成しなかっただろう，ということである。週1回，一般受講者が勤務終了後に駆け付けることのできる金曜午後6時から始まり，1時間余の講義の後に，全員による白熱した意見交換が続く。実社会の経験豊富な社会人からは，若い学生はもとより，ときに教員も驚くような，奥深い意見が開陳されることがある。〈開かれた学びの場〉が，現代もしあるとすれば，それはこういうものではないか。そういう思いが人々に共有されたからこそ，いろいろ紆余曲折はあったにしても，19年間の取り組みを実りあるものとして終えることができた。主宰者としては，このプロジェクトに参加された方々——教員，学生，一般受講者——，およびこの取り組みを黙許された関西大学当局に，心から感謝を申し上げたい。

〈縁〉と〈出会い〉をテーマとする本書自体が，一つの〈縁〉から世に出ることとなった。その次第を述べて結びたい。いくつかの出版社との交渉が難航する中で，本書の刊行を快く引き受けられた萌書房白石徳浩氏とは，編者の前任校大阪府立大学で行った同様のプロジェクトの成果『環境問題とは何か——12の扉から』(晃洋書房，1999年)を，協力して20年前に世に送り出した間柄であ

る。このたびも，まさか同じ12章構成の編著書を，自身の退任間近に，同氏と手を組んで公刊することになろうとは！　ご縁の不思議——文字どおり「ありがたさ」——を，しみじみ感じないではいられない昨今である。

　　2019年6月

木岡　伸夫

執筆者紹介（＊は編者，掲載順，〔　〕内は担当）

＊木岡 伸夫（きおか　のぶお）
　奥付参照。〔はじめに，第Ⅰ部序，第4章，第Ⅱ部序，おわりに〕

狭間 香代子（はざま　かよこ）
　1950年生まれ。大阪市立大学大学院生活科学研究科人間福祉学専攻博士課程後期課程単位取得退学。現在，関西大学人間健康学部教授。[主要業績]『社会福祉の援助観　ストレングス視点・社会構成主義・エンパワメント』(筒井書房，2001年)，『ソーシャルワーク実践における社会資源の創出──つなぐことの論理──』(2016)関西大学出版部，2016年)，『現代社会の福祉実践』(共編著：関西大学出版部，2017年)〔第1章〕

宮本 要太郎（みやもと　ようたろう）
　1960年生まれ。筑波大学大学院哲学・思想研究科博士課程修了。博士（文学）。現在，関西大学文学部教授。[主要業績]『聖伝の構造に関する宗教学的研究──聖徳太子伝を中心に──』(大学教育出版，2003年)，『語られた教祖──近世・近現代の信仰史──』(共著：法蔵館，2012年)，『宗教と宗教学のあいだ──新しい共同体への展望──』(共著：ぎょうせい，2015年)〔第2章〕

水野 友晴（みずの　ともはる）
　1972年生まれ。京都大学大学院文学研究科博士後期課程研究指導認定退学。博士（文学）。現在，公益財団法人日独文化研究所事務局長。[主要業績]『「世界的自覚」と「東洋」──西田幾多郎と鈴木大拙──』(こぶし書房，2019年)，『技術と身体──日本「近代化」の思想──』(共著：ミネルヴァ書房，2006年)，『イギリス理想主義の展開と河合栄治郎』(共著：世界思想社，2014年)〔第3章〕

江川 直樹（えがわ　なおき）
　1951年生まれ。早稲田大学大学院理工学研究科建築学専攻修士課程修了。現在，関西大学環境都市工学部教授(関西大学名誉教授)。[主要業績]科学技術分野の文部科学大臣表彰・科学技術賞，日本都市計画学会賞・計画設計賞(御坊市営島団地の再生)，日本建築士会連合会賞・作品賞(今田町の家)他受賞多数。〔第5章〕

若森 章孝（わかもり　ふみたか）
　1944年生まれ。名古屋大学大学院経済学研究科修士課程修了。現在，関西大学名誉教授。[主要業績]『新自由主義・国家・フレキシキュリティの最前線──グローバル化時代の政治経済学──』(晃洋書房，2013年)，『壊れゆく資本主義をどう生きるか』(共著：唯学書房，2017年)，『資本主義に未来はあるか』(共訳：唯学書房，2019年)〔第6章〕

江口 久美（えぐち　くみ）
　1983年生まれ。東京大学大学院工学系研究科都市工学専攻博士課程修了。現在，九州大学持続可能な社会のための決断科学センター・助教。[主要業績]『パリの歴史的建造物保全』(中央公論美術出版，2015年)，『海賊史観からみた世界史の再構築──交易と情報流通の現在を問い直す──』(共著：思文閣出版，2017年)『地中海を旅する62章──歴史と文化の都市探訪──』(共著：明石書店，2019年)，〔第7章〕

松井 幸一（まつい こういち）
　1979年生まれ。関西大学博士課程後期課程修了。現在，関西大学文学部准教授。［主要業績］『住まいと集落が語る風土——日本・琉球・朝鮮——』（共著：関西大学出版会，2014年），『祈りの場の諸相』（共著：関西大学東西学術研究所，2017年），「那覇市壺屋集落における空間構造の特性」（『歴史地理学』第52巻3号，2010年）〔第8章〕

中澤　務（なかざわ つとむ）
　1965年生まれ。北海道大学大学院文学研究科博士後期課程中退。博士（文学，北海道大学）。現在，関西大学文学部教授。［主要業績］『ソクラテスとフィロソフィア』（ミネルヴァ書房，2007年），『哲学を学ぶ』（晃洋書房，2017年），プラトン『饗宴』（翻訳：光文社，2013年）〔第9章〕

河野 康治（かわの こうじ）
　1973年生まれ。京都大学大学院人間・環境学研究科相関環境学専攻博士後期課程単位取得退学。現在，北九州市立大学地域創生学群特任教員・大阪市立大学都市研究プラザ特別研究員。［主要業績］"A study on the effect of Raymond Unwin's theory on Hajime Seki's Garden city idea（*The International Conference on Changing Cities II, Proceedings of the International Conference on Changing Cities II*, 2015），「大阪市都市計画事業における直木倫太郎の思想に関する研究」（『日本建築学会計画系論文集』第81巻第726号，2016年），「関一の田園都市思想の変遷に関する研究——高等商業学校教授時代から大阪市助役時代まで——」（『日本建築学会計画系論文集』第81巻第727号，2016年）〔第10章〕

土屋 和男（つちや かずお）
　1968年生まれ。芝浦工業大学大学院地域環境システム専攻修了。博士（学術）。現在，常葉大学造形学部教授。［主要業績］『都市デザインの系譜』（共著：鹿島出版会，1996年），『境界線から考える都市と建築』（共著：鹿島出版会，2017年），『近代数寄者の茶会記録に見られる「田舎家」に関する記述』（『日本建築学会計画系論文集』第687号，2013年）〔第11章〕

赤尾 勝己（あかお かつみ）
　1957年生まれ。慶應義塾大学大学院社会学研究科博士課程単位取得退学。大阪大学大学院人間科学研究科博士課程修了。博士（人間科学）。現在，関西大学文学部教授。［主要業績］『生涯学習社会の可能性』（ミネルヴァ書房，2009年），『新しい生涯学習概論』（ミネルヴァ書房，2012年），『学習社会学の構想』（編著：晃洋書房，2017年）〔第12章〕

編者略歴

木岡 伸夫（きおか のぶお）

1951年，奈良県に生まれる。京都大学で哲学を専攻，大学院 D. C. 退学後，大阪府立大学総合科学部（9年間在職）を経て，1997年から関西大学に勤務，教授として現在に至る。学生時代に専攻したベルクソンの「生の哲学」をベースに，地球環境危機が浮上してきた20世紀末からは，人と自然，人と人の関係性を考える，最も広い意味での環境哲学を，ライフワークとして手がけてきた。2002年度の在外研修において，パリEHESS（フランス国立社会科学高等研究院）でオギュスタン・ベルクに師事。以後，和辻哲郎が切り拓いてベルクの継承した風土学の理論構築を，自身の課題として引き受け，その完成にこぎつけた。

風土学の理論三部作は，『風景の論理――沈黙から語りへ――』（世界思想社，2007年），『風土の論理――地理哲学への道――』（ミネルヴァ書房，2011年），『邂逅の論理――〈縁〉の結ぶ世界へ――』（春秋社，2017年）。ほかに，『〈あいだ〉を開く――レンマの地平――』（世界思想社，2014年），『〈出会い〉の風土学――対話へのいざない――』（幻冬舎，2018年）などの著書がある。

本書に先立って，多分野の研究者と組む研究教育の実践から生まれた編著には，『環境問題とは何か――12の扉から――』（晃洋書房，1999年），『都市の風土学』（ミネルヴァ書房，2009年）などがある。現職から退く予定の2020年度からは，風土学のさらなる理論整備と，その現実社会への浸透に，余生を捧げることを期している。

〈縁〉と〈出会い〉の空間へ――都市の風土学12講――

2019年10月20日　初版第1刷発行

編　者　木岡　伸夫
発行者　白石　徳浩
発行所　有限会社　萌　書　房（きざす）
　　　　〒630-1242　奈良市人柳生町3019-1
　　　　TEL（0742）93-2234／FAX 93-2235
　　　　[URL] http://www3.kcn.ne.jp/~kizasu-s
　　　　振替　00940-7-53629
印刷・製本　共同印刷工業・藤沢製本

Ⓒ Nobuo KIOKA（代表），2019　　　　Printed in Japan

ISBN978-4-86065-134-3